Ralf Schuchardt

Allein die Bibel?

Allein die Bibel?

Die Widerlegung einer christlichen Legende

Ralf Schuchardt

TURM VERLAG

ISBN 3-7999-0249-X

Druck: Verlagsdruckerei Schmidt, 91413 Neustadt a.d. Aisch

INHALT

TEIL 1

Erläuterungen der Buchtitelabkürzungen

GEJ	=	Das große Evangelium Johannes	JJ	=	Die Jugend Jesu
			GS	=	Die geistige Sonne
HG	=	Die Haushaltung Gottes	BM	=	Bischof Martin
EM	=	Erde und Mond	HH	=	Von der Hölle bis zum Himmel
NS	=	Die natürliche Sonne			
Hi	=	Himmelsgaben	Schrft	=	Schrifttexterklärungen

Die nachfolgenden Bibelstellen sind im wesentlichen nach der revidierten Fassung der Lutherbibel von 1956 zitiert.

Allein die Bibel?

Allgemein herrscht in den christlichen Kirchen und Gemeinschaften die Lehrmeinung, daß das Offenbarungsgeschehen mit dem Tode Jesu seinen endgültigen Abschluß gefunden hätte. Lediglich den ersten Aposteln gesteht man noch den Empfang prophetischer Weisung zu. Gemäß dem Grundsatz Luthers, daß die Heilige Schrift einzige Quelle des Glaubens sei („sola scriptura"), lehnen die protestantischen Kirchen jede nachbiblische Prophetie generell ab. Die katholische Kirche vertritt prinzipiell denselben Standpunkt, läßt aber inspirative Kundgaben, die einigen ihrer Heiligen zuteil wurden, als „Privatoffenbarungen" gelten. Für die Christenheit und die Lehre der Kirche sind sie aber nicht verbindlich.

Doch verhält es sich wirklich so, daß sich Gott durch das biblische Wort umfassend und abschließend geäußert hat und seitdem beharrlich schweigt? Entspricht es wirklich den Tatsachen, daß Gott, der die Nachkommen Abrahams über zwei Jahrtausende durch Seher und Propheten geleitet hat, nun sein neues Bundesvolk, zu dem durch Jesus Christus alle Menschen berufen sind, zwei lange Jahrtausende ohne prophetische Weisung gelassen hat? Ist Gott wirklich solch ein treuloser Vater, daß er uns ein Buch in die Hand gibt, in dem alle seine Lehren und Anweisungen enthalten sind, und uns dann mit all unserem Unverstand, unseren Nöten und den schrecklichen Vorkommnissen in der Welt sich selbst überläßt?

Niemand, der die Botschaft Jesu wirklich kennt, kann dies ernsthaft annehmen! Hat uns der Heiland nicht ausdrücklich versichert: „Ich will euch nicht als Waisen zurücklassen?" (Joh.14,18) Und hat er nicht versprochen, sich jenen auch weiterhin zu offenbaren, die seine Gebote beherzigen und befolgen (Joh.14,21.23)? Hat er nicht ferner fest zugesagt, daß er einst wiederkehren würde, um seine getreuen Anhänger aufs neue zu unterweisen und sie an alles zu erinnern, was er seinen Jüngern zu Lebzeiten kundgetan hat (Joh. 14,26)?

Eines steht fest: Zu keiner Zeit seines öffentlichen Wirkens hat Jesus eine Äußerung gemacht, die auf eine Aufhebung der prophetischen Verkündigung hingedeutet hätte! Folgerichtig findet sich in der Bibel auch kein einziger Satz, durch welchen neue Offenbarungen ausgeschlossen würden. Wohl aber findet sich im Neuen Testament eine Fülle von Hinweisen auf künftige, also nachbiblische Offenbarungen.

Das Ziel dieses Buches ist es, auf diese bedeutsamen Weissagungen des Neuen Testaments aufmerksam zu machen und den Nachweis zu erbringen, daß der prophetische Geist in der Geschichte des Christentums genauso lebendig gewirkt hat wie zur Zeit des Alten Testaments. Ein Überblick über die bedeutendsten christlichen Seher- und Prophetengestalten der vergangenen beiden Jahrtausende und ihre Botschaften soll dies belegen. Besondere Beachtung soll dabei den Offenbarungen der Neuzeit geschenkt werden, da hier das prophetische Geschehen der nachbiblischen Zeit zweifelsohne seinen Höhepunkt gefunden hat. Neben Jakob Böhme und Emanuel Swedenborg ist es vorallem Jakob Lorber, durch den sich der Geist Christi in einer bisher nie dagewesenen Fülle kundgetan hat. Auch die Kirchen können heute nicht mehr darüber hinwegsehen, daß sich in der monumentalen Prophetie Jakob Lorbers, die voll und ganz auf dem Boden des biblischen Wortes steht, die johanneischen Verheißungen Jesu über die künftige Wiederoffenbarung seiner Heilslehre im Vollmaß erfüllt haben.

Unerschöpflich ist die Tiefe dieses zweifellos bedeutsamsten Offenbarungswerkes der gesamten christlichen Weltliteratur. Von Gott her wird der Mensch in die Geheimnisse des biblischen Wortes eingeweiht und über alle Grundfragen des Lebens, über das Wesen Gottes und den Zweck der Schöpfung, über die Bestimmung des Menschen und über das ewige Leben im Jenseits belehrt.

Es ist an der Zeit, daß sich die Christenheit wieder auf ihre Anfänge besinnt und erkennt, daß der biblische Gott kein schweigender, sondern ein redender, sich auch heute noch offenbarender Gott ist, der den Menschen dieses ausgehenden Zeitalters Botschaften kundgetan hat, die für die Zukunft der Erdenvölker von existentieller Bedeutung sind. So geht es in unseren Tagen vorallem darum, das lebendige Element prophetischer Verkündigung, das in der zweitausendjährigen Geschichte des Christentums ein Schattendasein geführt hat, erneut zum tragenden Fundament des jüdisch-christlichen Glaubens zu machen.

Das Neue Testament bezeugt den Fortbestand der Prophetie

Das Christentum ist eine prophetische Religion. Das heißt, ihr Glaubensgut beruht auf göttlicher Offenbarung und nicht auf Menschenweisheit oder historisch gewachsenen Glaubensvorstellungen. Die Bibel ist die heilige Schrift der Christen, weil in ihr Worte Gottes an den Menschen niedergeschrieben sind.

Von Anbeginn des adamitischen Menschengeschlechtes hat Gott dem Menschen seinen Willen kundgetan. Dazu hat er sich der Propheten bedient. Unter einem Propheten verstehen wir heute einen Menschen, der Zukünftiges erschaut und weissagt. Doch dies war nicht die eigentliche Aufgabe des Propheten. Die Propheten und Seher des Alten Testaments waren Männer, die von Gott den Auftrag hatten, ihrem Volk eine Botschaft zu übermitteln. Sie waren weniger Zukunftsdeuter als vielmehr Lehrer, Mahner und Warner des Volkes. Sie traten immer dann auf, wenn die Menschen Gefahr liefen,

Gottes zu vergessen und seine Weisungen in den Wind zu schlagen. Ihre Aufgabe war es, das Volk aufzurütteln und zur Umkehr aufzurufen, es zum Gehorsam gegen Gott und seine Gebote zu bewegen. Oftmals war mit ihrem Auftrag auch die Ansage des Gerichts verbunden, um den Menschen bei Nichtbeachtung des göttlichen Willens die schrecklichen Konsequenzen ihres Handelns vor Augen zu führen. Hinter dem prophetischen Ruf steht die Liebe Gottes, der die Menschen dazu bringen möchte, seine Gebote zu halten, um sie seiner Gnade und seines reichen Segens teilhaftig zu machen.

Propheten wissen sich von Gott berufen. Ihr Auftraggeber ist der Allmächtige selbst. Sie sprechen oder schreiben, wozu sie der Geist Gottes antreibt. Der Mund des Propheten ist Gottes Mund. „Ich, der Herr, rede zu den Propheten, und ich bin's, der viel Offenbarung gibt und durch die Propheten sich kundtut", heißt es bei Hosea (12,10-11). Das Wort des Propheten ist ebenso Gottes Wort, als würde der ewige Gott durch seinen eigenen Mund zu den Menschen sprechen. Wenn der Prophet häufig spricht: „So spricht der Herr ..." und sich dabei der göttlichen Ichform bedient, so haben wir es mit dem Ich Gottes unmittelbar zu tun, der höchsten Autorität überhaupt.

So gewaltig die göttliche Einsprache im Menschen dem Außenstehenden erscheinen mag, für den betroffenen Propheten bedeutete seine Sendung in der Regel ein bedrückendes und unabänderliches Los, dem er sich nicht entziehen konnte. Gott verfügte einfach über ihn gegen jeden menschlichen Einspruch. Wohl keiner der alttestamentlichen Gottesboten wird über seinen Beruf eine rechte Freude empfunden haben. Vorallem auch deshalb nicht, weil nur wenige Propheten von ihren Zeitgenossen erhört worden sind. Es ist das traurige Schicksal des ältesten pneumatischen Amtes, daß es zu allen Zeiten von einer deprimierenden Erfolglosigkeit gekennzeichnet war.

Die Propheten des alten Bundes führten einen heroischen

Kampf um das Seelenheil der Israeliten. Schonungslos stellten sie die Sünden des Volkes an den Pranger, allem voran die Abgötterei und die Untreue gegen Gott. Ebenso wurden Machtmißbrauch und Versklavung der Armen, Prunksucht und Hurerei auf das schärfste gerügt. Auch der Stolz der Reichen und die Überheblichkeit der Frauen wurde gescholten. Doch sosehr die Propheten das Volk im Namen Gottes auch beknieten und beschworen, ihre Worte fielen nur selten auf fruchtbaren Boden. In den meisten Fällen war das Gottesgericht unausweichlich.

Die bitteren Erfahrungen der Seher Israels besitzen eine traurige Aktualität auch für unsere Zeit. Die bedeutungsschweren Worte Jesu beim Evangelisten Matthäus gelten nicht nur dem Volk des alten Bundes, sondern in fataler Weise auch dem des neuen: „Jerusalem, Jerusalem, die du tötest die Propheten und steinigst, die zu dir gesandt sind! Wie oft habe ich deine Kinder versammeln wollen, wie eine Henne versammelt ihre Küchlein unter ihre Flügel; und ihr habt nicht gewollt" (23,37)!

Auf diese Jesusworte bezugnehmend schreibt Walter Nigg in seinem Buch ‚Prophetische Denker': „Die Geschichte der Propheten wimmelt von Verkennungen und Verfolgungen. Beinahe alle Seher wurden verlacht und verhöhnt. Die Frage des ersten christlichen Märtyrers Stephanus: ‚Welchen Propheten haben eure Väter nicht verfolget?', gilt für jede Zeit, auch für die heutige. Darin liegt der Grund, weshalb man vor allem Trauer empfinden muß über die Geschichte der Christenheit." [1]

Es war nie die Absicht Jesu, das Prophetentum abzuschaffen. Ganz im Gegenteil! Jesus war gekommen, um ihm volle Geltung zu verschaffen (vergl. Matth. 5,17). Dies bringt er auch in folgender Verheißung unmißverständlich zum Ausdruck: „Wer einen Propheten aufnimmt, weil er ein Prophet ist, der wird eines Propheten Lohn empfangen" (Matth. 10, 41). Kurz vor seinem Tod bekräftigt Jesus diese Verheißung noch einmal im engsten Jüngerkreis: „Wer aufnimmt, wenn ich jemand senden werde, der nimmt mich auf; wer aber mich aufnimmt, der nimmt den auf, der mich gesandt hat" (Joh. 13,20). In diesen Worten liegt nicht nur ein klares Bekenntnis zum Fortbestand des prophetischen Wirkens vor, sondern hier wird auch in alttestamentlicher Tradition deutlich gemacht, daß, wo immer ein Prophet auftritt, auch Gott selbst zugegen ist. Daß die Gabe der Prophetie und mit ihr die anderen Gnadengaben des Geistes nach dem Hinscheiden Jesu keineswegs erloschen waren, davon legen die Briefe des Neuen Testamentes und die Berichte aus frühchristlicher Zeit ein beredtes Zeugnis ab.

Die junge Kirche war eine Kirche des Geistes, eine Kirche der charismatischen Gaben. Für die Gläubigen gab es nicht den geringsten Zweifel, daß der auferstandene Heiland gegenwärtig war und die Gemeinde durch die verschiedenen Gaben des Geistes leitete und regierte. Der heilige Geist konnte grundsätzlich jedes Glied der Gemeinde erfassen, denn die Gnadengaben waren keineswegs auf einen bestimmten Personenkreis beschränkt. Ein jeder sollte Geistträger sein. „Fleißiget euch der geistlichen Gaben, trachtet danach, daß ihr alles reichlich habet, auf daß ihr die Gemeinde bessert", ermunterte Paulus die Christen (1.Kor.14,12).

Von Gott zum geistigen Amt berufen zu sein, bedeutete Dienst am Nächsten, Dienst an der Gemeinde zum Nutzen aller Glieder. Die Träger der geistigen Gaben bildeten die heilsnotwendige Verbindung der Kirche mit dem Auferstandenen. Die verschiedenen Zeugnisse des Geistes waren eine wesenseigene und zentrale Erscheinung in den jungen Christengemeinden und gaben ihnen ihr unverwechselbares Gepräge. Im Rückblick auf diese große Anfangszeit des Christentums heißt es im Hebräerbrief: „Und Gott hat dazu Zeugnis gegeben mit Zeichen, Wundern und mancherlei mächtigen Taten und mit Austeilung des heiligen Geistes nach seinem Willen" (2,4).

In seinem bekannten Werk ‚Die Mission und Ausbreitung des Christentums' schildert uns Adolf von Harnack die Vielfalt und Dynamik der charismatischen Erscheinungen in der urchristlichen Bewegung. Hier ein Ausschnitt daraus: „Gott spricht in der Vision, im Traum, in der Ekstase zu den Missionaren und ... leitet ihre Absichten, weist ihnen die Straße, auf der sie wandern, und die Stadt, in der sie einkehren sollen; er macht ihnen die Personen kenntlich, die sie aufzusuchen haben. Visionen brechen namentlich nach Martyrien hervor; der verstorbene Märtyrer erscheint seinen Bekannten in den nächsten Wochen nach seinem Tode ... Einzelne werden erweckt, die das Erlebte in Worte zu fassen vermögen – Propheten, welche die Vergangenheit erklären, das Gegenwärtige deuten und vertiefen, das Zukünftige weissagen. Die Weissagungen beziehen sich auf den großen Gang der Geschichte, aber auch auf das Geschick einzelner ... Andere werden von dem Geiste so erfüllt, daß sie das Bewußtsein verlieren und in ein stammelndes Sprechen oder Schreien ausbrechen, das unverständlich ist, aber von Begabten gedeutet werden kann. Wieder andern drückt der Geist die Feder in die Hand ... sie reden nicht nur, was sie müssen, sondern sie schreiben auch, was sie müssen. Kranke werden gebracht und von den Missionaren oder von jüngst erweckten Brüdern geheilt ... Mit allen Sinnen nehmen einige die Gegenwart des Geistes wahr; sie sehen seinen Lichtglanz, sie hören seine Stimme ... noch mehr: sie sehen himmlische Personen mit ihren Augen; sie sehen die Seele ... sie selbst werden entrückt in die jenseitige Welt, in den Himmel; sie hören dort unaussprechliche Worte ... Aber der Geist tut sich nicht nur durch solche Wunder kund, sondern nicht minder durch die Steigerung der religiösen und sittlichen Kräfte, die so rein und so stark in einigen wirksam sind, daß sie den Stempel göttlichen Ursprungs sinnenfällig an sich tragen: ... hilfreiche Liebesdienste werden geleistet, die mehr erschrekken und mehr erschüttern als alle Wunder ... Diese Charismen neben denen des Apostels, des Propheten und des Lehrers erweckt, erbauen die Gemeinden grundlegend und erweisen sie als ‚Kirchen Gottes'." [2]

In der Apostelgeschichte, dem ältesten Dokument christlicher Geschichtsschreibung, ist nachzulesen, daß das prophetische Element eine selbstverständliche Erscheinung in den urchristlichen Gemeinden war. Da heißt es z.B.: „In diesen Tagen kamen Propheten von Jerusalem gen Antiochien" (11,27). Oder: „Es waren aber zu Antiochien in der Gemeinde Propheten und Lehrer, nämlich Barnabas und Simon ..." (13,1). Da wird berichtet, daß „Judas und Silas, die auch Propheten waren", die Brüder ermahnten (15,32). Sodann erfahren wir von einem „Propheten aus Judäa mit Namen Agabus", durch den der heilige Geist sprach (21,10 ff). Zudem liefert die Apostelgeschichte den Beweis, daß der prophetische Geist auch Frauen erfassen konnte. So steht vom Evangelisten Philippus geschrieben: „Der hatte vier Töchter, die weissagten" (21,4). Diese wenigen Beispiele mögen belegen, daß das prophetische Charisma, das im Judentum selten geworden war, in den jungen Christengemeinden eine neue Blütezeit erlebte.

Apostel und Propheten waren die natürlichen Leiter der jungen Gemeinden. Sie bekleideten die höchsten charismatischen Ämter. Die hohe Schätzung, die sie genossen, ergab sich aus der Autorität des Allmächtigen, der sich durch sie kundtat. Sie waren die Stimme Gottes in der Gemeinde und somit das Fundament, auf dem die Kirche ruhte (vergl. 1.Kor.12,28; Eph.2,20). Dies bezeugt auch die Didache (Zwölfapostellehre), die älteste uns überlieferte Kirchenordnung aus der ersten Hälfte des zweiten Jahrhunderts. Von den Propheten heißt es dort sogar: „Denn sie sind eure Hohenpriester" (13,3).

Jeglicher Bestrebung, die Prophetie gering zu schätzen oder ihren Fortbestand in Frage zu stellen, trat der Apostel Paulus entschieden entgegen. Er mahnt: „Den Geist dämpfet nicht, die Prophetie verachtet nicht" (1.Thess.5,19-20). „Befleißiget euch der geistlichen Gaben, am meisten aber, daß ihr weissagen möget" (1.Kor.14,1). „Denn alle Schrift, von Gott eingegeben, ist nütze zur Lehre, zur Aufdeckung der Schuld, zur Besserung, zur Erziehung in der Gerechtigkeit" (2.Tim.3,16). Die Prophetie ist für Paulus eine charismatische Gabe, die in ihrer Wirksamkeit nicht begrenzt werden darf, da sich der Geist Gottes nicht von Menschen befehlen läßt. Denn er weht, wie er will, wann er will und durch wen er will (1.Kor. 12,11) – unter allen Völkern und zu allen Zeiten!

Auch der Apostel Petrus wußte um die unlösbare Einheit von Christusgeist und Prophetie und beschwor die Christen, am göttlichen Wortempfang festzuhalten: „Wir haben desto fester das prophetische Wort, und ihr tut wohl, daß ihr darauf achtet als auf ein Licht, das da scheint an einem dunklen Ort, bis der Tag anbreche und der Morgenstern aufgehe in eurem Herzen. Und das sollt ihr vor allem wissen, daß keine Weissagung in der Schrift eine Sache eigener Auslegung ist. Denn es ist noch nie eine Weissagung aus menschlichem Willen hervorgebracht; sondern von dem heiligen Geist getrieben haben Menschen im Namen Gottes geredet" (2.Petr.1,19-21).

Mit dem dunklen Ort, den Petrus hier anspricht, ist zum einen die Glaubensfinsternis unserer gottfernen Welt gemeint, zum andern aber auch die Lichtlosigkeit des unerleuchteten Menschenherzens. Der Aufgang des Morgensterns im Herzen symbolisiert hier das Erwachen des Christusgeistes im Innern der schon gereiften Seele. In dem Kapitel ‚Vom wahren Wesen des Menschen und seiner Wiedergeburt' wird hierüber noch ausführlicher zu sprechen sein.

Ob mystische Einsprache oder prophetischer Wortempfang, stets handelt es sich dabei um die Offenbarung der einen Gottheit, die der Menschheit auf dem Sinai ihren Willen kundtat und in der Person Jesu selbst diese Erde betrat. Der sich im prophetischen Wort bezeugende Geist Gottes ist keine gesonderte Persönlichkeit einer göttlichen Trinität, sondern der Geist des fleischgewordenen und auferstandenen Gottes selbst. Dies wird durch die Offenbarung Johannes bekräftigt. Dort finden wir den bedeutsamen Vers: „Das Zeugnis Jesu ist der Geist der Prophetie" (19,10). Diese Aussage ist von außerordentlicher Bedeutung! Beweist sie doch zum einen, daß Jesus im prophetischen Wort unmittelbar gegenwärtig ist und beide nicht voneinander zu trennen sind, zum andern widerlegt sie die Behauptung, die Prophetie habe mit dem Tode Jesu ihren Abschluß gefunden. Besonderes Gewicht bekommt diese zentrale Textstelle noch dadurch, daß der Seher von Patmos seine geheime Offenbarung erst etliche Jahrzehnte nach dem Hinscheiden Jesu empfangen hat.

Alles in allem läßt sich also feststellen, daß sowohl die urchristliche Geschichte als auch das Neue Testament von keiner Aufhebung der prophetischen Verkündigung berichten, dagegen aber den Fortbestand der prophetischen Tradition durchweg bejahen! Die Verneinung weiterführender Prophetie wird von biblischer Seite hingegen ausdrücklich verurteilt. Neben den Warnungen des Apostels Paulus, die Weissagungen nicht zu verachten, finden wir ein verschlüsseltes Mahnwort auch in den Sendschreiben Jesu Christi. Ihrem Wortlaut nach sind diese Sendschreiben zwar an die kleinasiatischen Christengemeinden gerichtet, ihrem inneren Sinn nach beschreiben sie aber sieben aufeinanderfolgende Zeitepochen der Kirche. Die letzte und siebente Entwicklungsepoche, die durch die Gemeinde zu Laodicea symbolisiert wird, kennzeichnet den geistigen Zustand unserer heutigen Kirchen. Ihnen läßt der Herr folgende Botschaft übermitteln: „Ich weiß deine Werke, daß du weder kalt noch warm bist. Ach, daß du kalt oder warm wärest! Weil du aber lau bist und weder warm noch kalt, werde ich dich ausspeien aus meinem Munde. Du sprichst: Ich bin reich und habe gar satt und bedarf nichts! und weißt nicht, daß du bist elend und jämmerlich, arm, blind und bloß. Ich rate dir, daß du Gold von mir kaufest, das mit Feuer durchläutert ist, daß du reich werdest, und weiße Kleider, daß du dich antust und nicht offenbar werde die Schande deiner Blöße, und Augensalbe, deine Augen zu salben, daß du sehen mögest“ (Offb.3,15-18).

Unschwer ist in diesem Mahnschreiben das laue Namenschristentum unserer Tage wiederzuerkennen. Die Kirche glaubt mit der Bibel alle Worte Gottes zu besitzen und keiner weiteren Offenbarung zu bedürfen. Doch vor dem Herrn steht sie elend, arm, blind und bloß da, weil sie sich selbst des himmlischen Lichtes beraubt hat und in ihrer geistigen Blöße den rechten Weg nicht mehr findet. Jesus rät ihr, von ihm das Gold und die weißen Kleider neuer, reiner Himmelslehren zu erwerben. Im Lichte dieser neuen Himmelsgaben, hier durch die Augensalbe symbolisiert, werden dann vielen Menschen die Augen aufgehen und sie werden erkennen, was sie in ihrer Blindheit so lange achtlos beiseite gelassen haben.

Vielfach wird im Hinblick auf nachbiblische Offenbarungen auf die Warnung Jesu vor dem Auftreten falscher Propheten und Christusse hingewiesen. Um sich nicht der Mühe einer vorurteilsfreien Prüfung unterziehen zu müssen, beschwört man allzu voreilig die Gefahr irreführender Prophetie. Dies erweckt dann leicht den Anschein, als müsse jeder nachbiblische Prophet zwangsläufig ein falscher sein.

Natürlich hat es den falschen Propheten zu allen Zeiten gegeben. Aber die Bibel hat ja auch nie den Blindglauben gefordert, sondern stets zur Wachsamkeit aufgerufen. „Prüfet aber alles, und das Gute behaltet“, mahnt Paulus (1.Thess.5,21). Und er fügt hinzu: „Hat jemand Weissagung, so sei sie dem Glauben gemäß“ (Rö.12,7). Das wichtigste Kennzeichen echter Prophetie ist, daß sie mit der biblischen Lehre in Einklang steht. Wer sich auf den christlichen Glauben beruft, aber gleichzeitig wesentliche Aussagen der Bibel leugnet oder gar für überholt erklärt, wie das in unseren Tagen so häufig geschieht, der ist fraglos ein falscher Prophet und als solcher leicht zu erkennen. Von solchen Verfälschern des Evangeliums schreibt Paulus: „Es sind etliche da, die euch verwirren und wollen das Evangelium Christi verdrehen. Aber wenn auch wir oder ein Engel vom Himmel euch das Evangelium anders predigen würde, als wir es euch gepredigt haben, der sei verflucht“ (Gal.1,7-8).

„An ihren Früchten sollt ihr sie erkennen“, sagte Jesus von den falschen Propheten (Matth.7,16). Am Tun des göttlichen Willens scheiden sich die Geister. Der wahre Prophet wandelt gleich Jesus in der Demut und tätigen Nächstenliebe. Er treibt keinen Kult mit seiner Person. Er sucht auch niemals seine eigene Ehre, sondern stets die Ehre dessen, der ihn gesandt hat. „Ein solcher ist wahrhaftig, und keine Ungerechtigkeit ist an ihm“, versichert uns Jesus (Joh.7,18). Wachsamkeit ist also angesagt, wenn wir nicht Gefahr laufen wollen, den falschen Christussen des Zeitgeistes Tür und Tor zu öffnen und dabei den wahren Christus und sein Wort leichtfertig zu verwerfen!

Zum Abschluß dieses Kapitels soll noch kurz auf zwei Textstellen eingegangen werden, die immer wieder als Argument gegen die Rechtmäßigkeit nachbiblischer Offenbarungen ins Feld geführt werden.

Da ist zum einen die Bibelstelle aus Offb.22, die davor warnt, dem letzten Buch der Bibel irgend etwas hinzuzufügen. Es heißt dort wörtlich: „Ich bezeuge allen, die da hören die Worte der Weissagung in diesem Buch: Wenn jemand etwas dazusetzt, so wird Gott zusetzen auf ihn die Plagen, die in diesem Buch geschrieben stehen. Und wenn jemand etwas davonsetzt von den Worten des Buches dieser Weissagung, so wird Gott abtun seinen Anteil vom Baum des Lebens und von der heiligen Stadt, davon in diesem Buch geschrieben steht“ (18-19). Bei genauer Prüfung entpuppt sich diese Textstelle jedoch als völlig unbrauchbar, um damit die Gültigkeit nachbiblischer Offenbarungen zu widerlegen. Wenn die Stimme des Auferstandenen davor warnt, „von den Worten des Buches dieser Weissagung“ etwas davonzutun oder gar hinzuzufügen, so ist damit offenkundig und ausschließlich die visionäre Offenbarungsschrift des Johannes gemeint – und nicht die Bibel als Ganzes. Denn einen allgemeingültigen Kanon neutestamentlicher Schriften gab es zur Zeit des Verfassers der Johannes-Offenbarung noch gar nicht, geschweige denn eine komplette Heilige Schrift in Buchform. Da es sich bei dem prophetischen Buch des Johannes um eine weitreichende Offenbarung über den endzeitlichen Plan Gottes mit dieser Welt handelt, versteht es sich von selbst, daß hier die Warnung ausgesprochen wird, den Wortlaut dieser göttlichen Verkündigung in irgendeiner Weise zu verfälschen.

Davon, daß die Offenbarungen Gottes mit dem letzten Buch der Bibel ihren Abschluß gefunden haben, steht in obiger Textstelle kein einziges Wort. Es ist daher ein Selbstbetrug, aus diesem Bibelwort ein „sola scriptura“ ableiten zu wollen, zumal gerade die Offenbarung Johannis ein durchweg kraftvolles Zeugnis für die unbeschränkte Wirksamkeit der prophetischen Weisung ablegt.

Eine weitere Textstelle, die von manchen Theologen gerne angeführt wird, um zu belegen, daß die Zeit der Propheten seit 2000 Jahren vorbei sei, findet sich im Hebräer-Brief. Dort heißt es gleich zu Beginn: „Nachdem vorzeiten Gott manchmal und auf mancherlei Weise geredet hat zu den Vätern durch die Propheten, hat er in diesen letzten Tagen zu uns geredet durch den Sohn“ (1,1-2). Aus der Formulierung „in diesen letzten Tagen“ zieht man nun die Schlußfolgerung, daß damit der endgültige Abschluß aller Offenbarungen durch Jesus Christus gemeint sei, da es keinen noch vollkommeneren Vermittler des göttlichen Willens geben könne. Mit dieser Interpretation übersieht man jedoch geflissentlich die Tatsache, daß sich die Formulierung „in den letzten Tagen“ im Neuen Testament an mehreren Stellen findet und sich dabei nie auf das Offenbarungsgeschehen bezieht, sondern ausschließlich auf die letzte Zeit vor dem Weltgericht (vergl. Apg.2,17; 2.Tim.3,1; 2.Petr.3,3). Die Apostel waren ja anfangs der Auffassung, daß das Weltgericht noch zu ihren Lebzeiten eintreten würde (vergl.1.Kor.10,11; 1.Joh. 2,18). Legt man diesen Umstand zugrunde, so erweist sich die Behauptung vom Abschluß aller Offenbarungen als haltlose These.

Richtig ist, daß Jesus die höchste Offenbarung Gottes ist, die denkbar ist. Das heißt aber nicht, daß Jesus seine Anhänger nach seiner Auffahrt ohne jede spirituelle Führung zurückgelassen hätte. Ganz im Gegenteil! Ein wesentlicher Bestandteil der Botschaft Jesu ist sein Hinweis auf weitere Offenbarungen – nach seinem Tode!

Jesus kündigt die Neuoffenbarung des Evangeliums an

Man fragt sich, was das für ein Glaube ist, der sich auf Jesus Christus beruft, aber dennoch wichtige Verheißungen aus seinem Munde überhaupt nicht zur Kenntnis nimmt? Hier ist die Rede von der johanneischen Abschiedsrede, in der Jesus seinen künftigen Nachfolgern den Geist der Offenbarung verheißt, der sie in die ganze Wahrheit seiner Lehre einführen und ihnen Dinge enthüllen soll, für die seine ersten Jünger noch nicht reif waren. Welch große Bedeutung diese Verheißung für die Zukunft der Christenheit hat, kann daran abgelesen werden, daß Jesus in seiner Abschiedsrede mehrmals darauf zurückkommt. Um so verwunderlicher ist es, daß sich heute niemand mehr fragt, was denn eigentlich aus dieser bedeutsamen Weissagung Jesu geworden ist. Dabei müßte es doch für jeden Christen von größtem Interesse sein, zu erfahren, ob sich die obige Verheißung nicht vielleicht inzwischen erfüllt hat. Bevor wir dieser Sache nachgehen, betrachten wir zunächst die Verheißungen im einzelnen.

Nachdem Jesus seinen Jüngern während des letzten Abendmahles noch einmal die Grundzüge seiner Lehre dargelegt hat, bereitet er sie auf den bevorstehenden Abschied vor. Dabei gibt er ihnen die tröstliche Versicherung, daß sie nach seinem Heimgang keineswegs von ihm verlassen sein werden: „Ich will euch nicht als Waisen zurücklassen; ich komme zu euch" (Joh.14,18). „Und ich will den Vater bitten, und er wird euch einen andern Beistand geben, daß er bei euch sei ewiglich: den Geist der Wahrheit" (Joh.14,16-17). Dieser verheißene Beistand oder Wahrheitsgeist ist aber nur eine Umschreibung der geistigen Gegenwart des Heilandes selbst. Dies bezeugt auch die Textstelle 1.Joh.2,1, wo Jesus als Paraklet (d.h. Beistand, Fürsprecher) bezeichnet wird. Jesus sagt also fest zu, daß er nach seiner Erhöhung allezeit im Geiste unter den Seinen anwesend sein wird. Später, nach seiner Auferstehung, bekräftigt er seine Zusage noch einmal: „Siehe, ich bin bei euch alle Tage bis ans Ende der Welt" (Matth.28,20).

Entscheidend aber ist, daß Jesus seinen Anhängern ausdrücklich zusichert, sie auch nach seinem Weggang nicht ohne Belehrung zu lassen. Deshalb verweist er auf sein kommendes Offenbarungswort als Geist der Wahrheit: „Ich habe euch noch viel zu sagen; aber ihr könnt es jetzt nicht tragen. Wenn aber jener, der Geist der Wahrheit kommen wird, der wird euch in alle Wahrheit leiten. Denn er (der vom prophetischen Geist Erfüllte; d.Vf.) wird nicht aus sich selber reden; sondern was er hören wird, das wird er reden, und was zukünftig ist, wird er euch verkündigen" (Joh.16,12-13).

Mit den vorstehenden Worten läßt Jesus seine Jünger wissen, daß er ihnen noch gerne vieles gesagt hätte, daß sie aber für tiefere Offenbarungen noch nicht aufnahmefähig sind. Deshalb verweist er auf neue und weiterleitende Offenbarungen. Gleichwie Schüler im Unterrichtsstoff von Klasse zu Klasse voranschreiten, so soll auch die Christenheit entsprechend ihrem geistigen Reifegrad fortschreitend unterwiesen werden. Die Geschichte der christlichen Prophetie zeigt uns, daß dies im Laufe der Zeit durch immer größere Offenbarungen auch tatsächlich geschehen ist. Damit erweist sich, daß die Bibel keineswegs als abgeschlossenes Buch ohne Fortsetzung betrachtet werden darf. Denn würden die schmalen Evangelien alles enthalten, was Jesus den Menschen zu sagen hatte, so hätte es der Verheißung eines kommenden Wahrheitsgeistes niemals bedurft.

In seiner großen Abschiedsrede kündigt Jesus aber nicht nur die Ausweitung seiner Lehre an, sondern er verheißt auch die vollständige Wiedergabe seiner Heilsbotschaft in ihrem ursprünglichen Wortlaut: „Aber der Tröster, der heilige Geist, welchen mein Vater senden wird in meinem Namen, der wird euch alles lehren und euch an alles erinnern, was ich euch gesagt habe" (Joh.14,26). Und er fügt hinzu, daß dies dann nicht mehr nur in bildlich-gleichnishafter Weise geschehen würde, sondern unverschlüsselt und offen: „Solches habe ich zu euch in Sprüchen und Bildern geredet. Es kommt aber die Zeit, daß ich nicht mehr in Bildern mit euch reden werde, sondern euch frei heraus verkündigen von meinem Vater" (Joh. 16,25).

Angesichts dieser herrlichen Verheißung muß sich jeder Gläubige fragen, ob es noch etwas Größeres geben kann, als über das ganze Erdenleben Jesu unterrichtet zu werden – dazu noch von ihm selbst? Vergessen wir nicht, daß die Berichte der Bibel nur eine knappe und telegrammstilartige Wiedergabe des tatsächlichen Geschehens darstellen. So lassen sich z.B. aus den Evangelien weder die Wege ermitteln, die Jesus in zeitlicher Reihenfolge gewandert ist, noch läßt sich mit Sicherheit die wirkliche Dauer seiner öffentlichen Lehrtätigkeit feststellen. Überdies versteht es sich von selbst, daß Jesus in der Zeit seines öffentlichen Wirkens viel mehr gesagt und gewirkt haben muß, als es in den kurzen Berichten der Evangelien beschrieben ist. Dies wird uns ja auch beim Evangelisten Johannes bestätigt. Es heißt dort: „Es sind auch viele andere Dinge, die Jesus getan hat. Wenn sie aber sollten eins nach dem andern geschrieben werden, achte ich, die Welt würde die Bücher nicht fassen, die zu schreiben wären" (21,25). Und an anderer Stelle wird ergänzt: „Noch viele andere Zeichen tat Jesus vor den Jüngern, die nicht geschrieben sind in diesem Buch" (20,30).

Die Evangelien stellen also nur sehr lückenhafte Berichte über Jesu Leben und Lehre dar und geben uns über die Person des Heilands nur äußerst spärliche Auskünfte. Eine ausführliche Lebensbeschreibung Jesu wäre somit das Gewaltigste, was der Christenheit je übergeben werden könnte.

Was in der Abschiedsrede Jesu noch zukunftsweisende Prophetie war, das hat sich rund 1800 Jahre später in den prophetischen Werken Jakob Lorbers in unfaßlicher Weise erfüllt. In dem zehnbändigen Werk ‚Das große Evangelium Johannes' erhalten wir ein fast lückenloses Bild über alle Vorkommnisse im Leben Jesu während seiner Lehr- und Wanderjahre. In einem weiteren Band wird uns eine umfassende Schilderung der Geburt und Kindheit Jesu gegeben. Zwei kleinere Schriften ergänzen diese herrliche Lebensbeschreibung. In dem Kapitel über Jakob Lorber wird hierüber noch ausführlicher zu berichten sein.

Die Kirchen haben es bisher vorgezogen, diese einzigartigen Himmelsgaben zu ignorieren. Jesus muß dies wohl geahnt haben, als er von der Zeit seiner Wiederkunft folgendes weissagte: „Doch wenn des Menschen Sohn kommen wird, meinest du, er werde Glauben finden auf Erden?" (Luk.18,8)

Vielfach wird unter den Gläubigen die Ansicht vertreten, daß sich die Verheißungen Jesu über den kommenden Geist der Wahrheit mit der Ausgießung des Heiligen Geistes im Pfingstgeschehen bereits voll erfüllt hätten. Aber verhält es sich wirklich so? Wir müssen uns darüber im klaren sein, daß die Ausgießung des Heiligen Geistes auf die kleine Jüngerschar und danach auf einzelne Glaubenszeugen nur als bescheidener Anfang der neuen von Jesus begründeten geistigen Gemeinschaft des Menschen mit Gott zu betrachten ist. Die Apostelgeschichte sagt es unter Bezugnahme auf den Propheten Joel ganz deutlich: Das Pfingstgeschehen soll erst in den „letzten Tagen", also kurz vor dem Gericht über diese Welt, seinen Höhepunkt, sein Vollmaß erreichen: „Und es soll geschehen in den letzten Tagen, spricht Gott, da will ich ausgießen von meinem Geist auf *alles* Fleisch; und eure Söhne und eure Töchter sollen weissagen, und eure Jünglinge sollen Gesichte haben, und eure Alten sollen Träume haben" (Apg.2,17).

Erst in der letzten Zeit, in unserem Zeitalter also, soll das Pfingstgeschehen nach biblischer Aussage seine vollkommene Erfüllung finden. Unsere gottvergessene Zeit hat Jesus dazu auserkoren, um seine großen Verheißungen Wirklichkeit werden zu lassen. Zwei andere bedeutsame Bibelstellen belegen dies.

Im 3. Kapitel der Apostelgeschichte lesen wir: „So tut nun Buße und bekehret euch, daß eure Sünden getilgt werden, auf daß da komme die Zeit der Erquickung von dem Angesicht des Herrn und er sende den, der euch zuvor zum Christus bestimmt ist, Jesus. Ihn muß der Himmel aufnehmen bis auf die Zeit, da alles wiedergebracht wird, wovon Gott geredet hat durch den Mund seiner heiligen Propheten von Anbeginn" (19-21). Eine Weissagung von ungeheurer Tragweite! Hier werden die johanneischen Verheißungen noch um ein bedeutendes ausgeweitet. Über die Wiedergabe des Evangeliums hinaus soll den Menschen alles wiederoffenbart werden, was Gott von Adam an durch seine Propheten kundgetan hat.

Ganz offensichtlich ist sich die Christenheit bis heute nicht im geringsten klar darüber, was für ein gewaltiges Offenbarungsgut ihr damit in Aussicht gestellt ist. Die Bibel verheißt uns hier nichts Geringeres als die Wiederoffenbarung der gesamten Heilsgeschichte des Menschen mit Gott. Eine Generalreformation von oben, die die Menschen zur Urform des reinen und unverfälschten Gotteswortes zurückführen soll, wird hier prophezeit. Wer mag sich in Anbetracht dieser Weissagung noch auf die haltlose Behauptung versteifen, die Bibel enthalte bereits alle Mitteilungen Gottes an den Menschen?!

Aber noch etwas anderes, ganz Entscheidendes, wird uns durch den obigen Bibeltext verdeutlicht. Er macht uns darauf aufmerksam, daß die Wiederkunft Jesu zuallererst eine Wiederkunft im Wort ist. Das heißt, bevor der Heiland persönlich sichtbar erscheinen wird, wird er sich den Menschen aufs neue durch das prophetische Wort, den Geist der Wahrheit, offenbaren und so seine abermalige Ankunft vorbereiten.

Doch kommen wir zur zweiten Textstelle. Im letzten Buch der Bibel werden wir noch einmal mit dem neuzeitlichen Offenbarungsgeschehen konfrontiert. Dort ist nachzulesen, daß der Menschheit kurz vor dem Weltgericht ein „ewiges Evangelium“ übergeben werden wird. Der betreffende Text in der Johannes-Offenbarung lautet: „Und ich sah einen Engel fliegen mitten durch den Himmel, der hatte ein ewiges Evangelium zu verkünden denen, die auf Erden wohnen, und allen Nationen und Geschlechtern und Sprachen und Völkern und sprach mit großer Stimme: Fürchtet Gott und gebet ihm die Ehre; denn die Stunde seines Gerichts ist gekommen“ (14,6-7). Es ist nicht schwer, in dieser Vision die mehrfach verheißene Neuoffenbarung des Urevangeliums zu erkennen.

Alle hier zitierten biblischen Verheißungen sind inzwischen längst in Erfüllung gegangen. Gott hat seinen Geist in bisher nie dagewesener Fülle über allem Fleisch ausgegossen. Davon zeugen vorallem die großen, aber auch die zahllosen kleineren Gottesoffenbarungen des ausgehenden zweiten Jahrtausends.

Es ist allerhöchste Zeit, daß die Christenheit endlich ihre unbegründete Skepsis gegenüber außerbiblischen Offenbarungen aufgibt. Gerade die Christen als Anhänger einer prophetischen Religion hätten die heilige Pflicht, hinzuhören, wenn die begründete Annahme besteht, daß Gott geredet hat; denn schließlich ruft die Heilige Schrift sie dazu auf. Das Augenmerk der Gläubigen sollte in diesen letzten Tagen vor allem darauf gerichtet sein, daß sie nicht zu denen gezählt werden, „die die Propheten getötet haben", wie sich Jesus einmal warnend äußerte (Matth. 23,31). Will die Kirche die kommende Gerichtszeit überleben, so muß sie sich das mahnende Wort aus der Johannes-Offenbarung zu Herzen nehmen, das da lautet: „Wer Ohren hat, der höre, was der Geist den Gemeinden sagt!" (14,6-7)

Die christliche Prophetie in nachbiblischer Zeit

Mit der Ausgießung des heiligen Geistes auf die kleine Pfingstgemeinde hatte die christliche Bewegung ihren Anfang genommen. Durch die Gaben des Geistes und der brüderlichen Liebe war die junge Kirche auch weiterhin mit ihrem auferstandenen Heiland verbunden. Bis ins zweite Jahrhundert hinein hatte die charismatische Kirche auch Bestand. Mit der zunehmenden Vermassung des Christentums und der Hinwendung zu äußerlichen Frömmigkeitsformen setzt dann aber bald ein deutlicher Verfall des geistigen Lebens in den Gemeinden ein. Der Geist Gottes beginnt sich zurückzuziehen, die Gnadengaben werden seltener und der Ruf der prophetischen Stimme erklingt nur noch vereinzelt. Gleichzeitig etabliert sich eine klerikale Hierarchie, die die Leitung der

Kirche für sich beansprucht. Bischöfe und Älteste rücken an die Stelle der Apostel und Propheten und verdrängen die charismatischen Prediger bald ganz aus den Gemeinden. In Ermangelung des konkreten Willens Gottes für die jeweilige Situation und Zeit übernimmt jetzt das Dogma die Funktion der pneumatischen Weisung.

In der frühchristlichen Bewegung des Montanismus, so benannt nach ihrem Begründer, dem Propheten *Montanus,* lehnte sich das prophetische Charisma noch einmal vehement gegen die Unterdrückung des Geistes durch die klerikale Obrigkeit auf. Im Gegensatz zur urchristlichen Form des prophetischen Redens wurden die Weissagungen im Montanismus ausschließlich im Zustand der Ekstase vermittelt. Obwohl das Schrifttum dieser Bewegung vollständig verlorengegangen ist, kann aus den alten Berichten ihrer einstigen Gegner doch abgelesen werden, daß Montanus und seine Prophetinnen kein abgewandeltes Evangelium predigten, sondern die Lehre der Kirche bestätigten. Allerdings vertrat der Montanismus eine asketische Lebenshaltung und forderte auch eine strengere Disziplin in den Gemeinden. Man rief die Gläubigen zu einem Leben in Reinheit und Heiligung auf und rügte eine zunehmend lässige und weltzugewandte Handhabung des Glaubens. Das Ziel dieser Reformbewegung aber war die Wiederbelebung der urchristlichen Geistkirche und die Verkündigung des nahe herbeigekommenen Gottesreiches. Trotz weiter Verbreitung und einer großen Anhängerschaft war dem Montanismus kein glückliches Ende beschieden. Das Ausbleiben des nahe geglaubten Weltendes und das Stigma des Schwärmertums brachten diese Bewegung in Mißkredit. Nach langem Ringen wurde der Montanismus schließlich aus der Kirche verdrängt und verlor sich in der Bedeutungslosigkeit. Das Wehen des prophetischen Geistes hatte im festgefügten Rahmen eines organisierten Kirchentums keinen Platz mehr. Mit dem Verschwinden des Montanismus verstummte auch das prophetische

Charisma in der Kirche. Die Verkünder Gottes redeten nicht mehr, und der Mund Gottes schwieg für eine lange, lange Zeit.

Die folgenden Jahrhunderte des ersten Jahrtausends christlicher Zeitrechnung kann man als die prophetenarme Zeit bezeichnen. Es gab weit und breit keine leuchtenden Sehergestalten noch Weissagungen von irgendeiner Bedeutung. Erst im hohen Mittelalter, als das christliche Glaubensgut unter dem zunehmenden Einfluß der aristotelischen Philosophie in den dogmatischen Lehrsätzen der Scholastik zu versteinern drohte, drang die Stimme des Geistes wieder durch. Gott hatte die Seinen nicht vergessen.

Es war die Benedektinernonne und spätere Äbtissin *Hildegard von Bingen* (1098-1179), durch die das prophetische Wort erstmals wieder machtvoll in Erscheinung trat. Von Geburt an leidend, empfing sie im Alter von 42 Jahren den göttlichen Auftrag: „Tu kund die Wunder, die du erfährst. Schreibe sie auf und sprich!“[3] In drei umfangreichen Büchern schrieb sie die im Laufe ihres Lebens an sie ergangenen Visionen und Kundgaben nieder. Sci vias (Wisse die Wege) ist ihr erstes und bekanntestes Visionswerk. Hildegard schildert darin den Fall der Urschöpfung durch Luzifer und die Entwicklung bis hin zum Sündenfall, ferner die Erlösung des Menschen durch das Opfer Christi und das Wirken Gottes bis zum Gericht am Ende der Zeiten. Ihr zentrales Thema ist dabei der Mensch, der von Gott dazu berufen ist, sich im Kampf mit den zerstörerischen Mächten des Bösen zu bewähren und diese zu besiegen. Ihr Erstlingswerk machte sie schlagartig berühmt. Sogar der Papst erkannte ihre Prophetengabe an und erklärte Hildegards Weissagungen als von Gott kommend.

Hildegard selbst sah sich in der Tradition der biblischen Propheten. Sie versicherte: „Ich sprach und schrieb nichts aus eigener Erfindung oder irgendeines Menschen, sondern wie ich es in himmlischer Eingebung sah und hörte und durch die verborgenen Geheimnisse Gottes empfing."[4] Aus ihrem umfangreichen Schriftwechsel wissen wir, daß sie ihre Schauungen stets mit offenen Augen und im wachen Zustand hatte, aber nie im Zustand der Ekstase.

In ihren Briefen wandte sich Hildegard an bedeutende weltliche und geistliche Persönlichkeiten ihrer Zeit und bezog zu den unterschiedlichsten kirchlichen und gesellschaftspolitischen Problemen Stellung. Zu ihren Korrespondenzpartnern zählten die Päpste Eugen III., Anastasius IV., Hadrian IV. und Alexander III., Kaiser Friedrich Barbarossa sowie Könige und geistliche Würdenträger. Von Zeit zu Zeit verließ sie ihre klösterliche Abgeschiedenheit und bereiste die Städte in ihrer näheren und ferneren Umgebung, um öffentlich vor dem Volk zu predigen. Furchtlos und kraftvoll rief sie ihre zahlreiche Zuhörerschaft zur Umkehr auf und prangerte die Lauheit unter den Gläubigen an. Ihre Predigten waren aber auch gegen jene Teile der Geistlichkeit gerichtet, die die hohe Berufung ihres Hirtenamtes nicht ernst nahmen und vor den Untugenden der Prunksucht, Habgier und Bequemlichkeit nicht zurückscheuten.

Schon zu Lebzeiten verlieh man der Hl. Hildegard den Ehrennamen „prophetissa teutonica", was sicherlich auf ihren unerschrockenen Mut, aber auch auf die Fülle ihres Lebenswerkes zurückzuführen ist. Sie selbst bezeichnete sich als „Posaune Gottes". Den Willen des Höchsten zu verkünden, das war zeitlebens ihr ureigenstes Anliegen. Die Aufgabe einer Prophetin beschreibt sie so: „Eine gewisse Härte kommt über sie gleich der Festigkeit des Marmors. Sie schmeichelt niemanden, sondern steht, vom Heiligen Geist durchströmt, ohne Wanken in der ungeteilten Wahrheit. Keine Spaltung ist in ihren Worten, denn sie empfängt das, was sie sagt, von keinem anderen als dem, der ungeteilt Gott ist. So ist sie unbeugsam wie ein Stein. Sie weicht keinem Menschen."[5]

Als Beispiel ihrer Kompromißlosigkeit auch gegenüber heiklen Themen des menschlichen Lebens mögen hier die Kundgaben Hildegards zur priesterlichen Keuschheit genannt werden. Direkt und ohne Umschweife formuliert sie auch in diesem Punkt den klaren und unmißverständlichen Willen Gottes. In ihrem Werk Scivias spricht die Stimme des Herrn: „Ich will, daß man mir in Keuschheit dient. Wieso? Weil auch mein Sohn ganz keusch war und all diese kirchlichen Vorschriften an sich selbst aufzeigte ... Weil er in unversehrter jungfräulicher Keuschheit Fleisch annahm, deshalb müssen auch die keusch sein, welche ihm dienen möchten, wie nach göttlichem Gebot geschrieben steht."[6]

Die Kundgaben Hildegards räumen der priesterlichen Enthaltsamkeit wie auch der körperlichen Zucht des christlichen Laien allerhöchste Priorität ein, da die geschlechtliche Begierde den Menschen an seinem Aufstieg zu Gott behindert. Ein Anspruch übrigens, dem wir fast ausnahmslos in allen nachbiblischen Offenbarungen begegnen.

Neben ihrem prophetischen Auftrag und ihren vielfältigen klösterlichen Obliegenheiten fand Hildegard noch Zeit für naturkundliche Interessen, so daß man sie auch als die erste deutsche Naturforscherin und Ärztin bezeichnet. Aber dies sei hier nur am Rande erwähnt.

Es ist zutiefst beklagenswert, daß die katholische Kirche das wertvolle Offenbarungsgut der Hl. Hildegard nur als unverbindliche Privatoffenbarungen gelten läßt. Wer sich näher mit ihrem prophetischen Schrifttum befaßt, für den steht außer Zweifel, daß die ihr geoffenbarten Botschaften für die ganze Kirche, für alle Gläubigen bestimmt sind. Und man fragt sich unwillkürlich: Wie müssen eigentlich Offenbarungen beschaffen sein, damit sie von der katholischen Kirche als offizielle Kundgaben Gottes anerkannt werden? –

Revolutionär im Hinblick auf das traditionelle Denken seiner Zeit war die Botschaft des Zisterzienserabtes *Joachim von Fiore* (gest. 1202), einer weiteren herausragenden

Prophetenpersönlichkeit des Mittelalters. Im Gegensatz zur geltenden Kirchenlehre, die das Heilsgeschehen mit dem irdischen Wirken Jesu als abgeschlossen betrachtete, verkündete der Abt aus Kalabrien den Anbruch einer dritten Heilszeit, die er als das Zeitalter des Heiligen Geistes bezeichnete. Diese fundamentale Erkenntnis Joachims war nicht allein das Ergebnis eines intensiven Studiums der Heiligen Schrift, sondern vorallem auch das Resultat eines asketischen und kontemplativen Lebens, eines jahrelangen Ringens um Erkenntnis der Wahrheit, das schließlich in einem plötzlichen Erleuchtungserlebnis mündete.

Die Lebensgeschichte Joachims ist uns nur lückenhaft überliefert. Die Legende erzählt, daß er sich auf einer Reise durch das Heilige Land dazu entschlossen hatte, in den Mönchsstand zu treten. So trat er dem Orden der Zisterzienser bei und wurde schon mit 33 Jahren zum Abt gewählt. Er führte ein Leben in äußerster Askese, verlangte aber nach einem strengeren Leben und nach größerer Einsamkeit, als dies in den Klöstern seines Ordens möglich war. So verließ er seinen Orden und gründete im einsamen Sillagebirge Kalabriens sein eigenes Kloster, das er S. Giovanni di Fiore nannte. Hier in der Abgeschiedenheit einer wilden Gebirgswelt widmete er sich dem Verlangen, in das inwendige Heiligtum seines Herzens vorzudringen, als plötzlich in der Frühe eines Pfingstfestes die große Erleuchtung über ihn kam. Joachim berichtet: „Als ich um die Matutin (Mette; d.Vf.) aus dem Schlaf erwachte, da nahm ich zur Meditation dieses Buch in die Hand. Da durchfuhr plötzlich, zu der Stunde, in der unser Löwe vom Stamme Juda auferstanden ist, eine Helligkeit der Erkenntnis die Augen meines Geistes und mir ward enthüllt die Erfüllung dieses Buches und die symmetrische innere Bezogenheit des Alten und Neuen Testaments.“[7]

Das Buch, von dem Joachim hier spricht, ist die Apokalypse des Johannes. In einer einzigen großen Vision enthüllte sich ihm der innere Sinn der Heiligen Schrift und die symbolische Bedeutung der Apokalypse mit ihren vielgestaltigen Gesichten und Bildern. Für Joachim bestand kein Zweifel daran, daß der Geist, der ihm die Geheimnisse des biblischen Wortes enthüllt hatte, der gleiche Geist war, der einst durch die Propheten des alten Bundes gewirkt hatte. Gott hatte sich ihm offenbart, damit er der Menschheit den Anbruch einer neuen Heilszeit verkündige.

In seiner visionären Schau hatte Joachim erkannt, daß sich die Geschichte des Menschen mit Gott in drei großen Heilsepochen vollzieht. Dieser Einsicht folgend unterschied er in Anlehnung an die göttliche Trinität drei Weltzeitalter: Das Zeitalter des Vaters, des Sohnes und des Heiligen Geistes. Das Zeitalter des Vaters umfaßt die alttestamentliche Geschichtsepoche und erstreckt sich von der Schöpfung bis zur Geburt Christi. Das Zeitalter des Sohnes, das durch die äußere Kirche der Sakramente gekennzeichnet ist, beginnt mit der Geburt Jesu und reicht bis zum Anbruch des dritten Zeitalters, dem Zeitalter des Heiligen Geistes, das dann ewig währt.

Auf jene große Zeit, das Zeitalter des Geistes, war Joachims Verkündigung ausgerichtet. Mit dem Aufgang des neuen Weltalters sah er die äußere Kirche in eine innere Kirche des Geistes übergehen, die dann keines Priester- und Zeremoniendienstes mehr bedarf. „Dann werden sowohl das kanonische Kirchenrecht wie die weltlichen Wissenschaften ihre Bedeutung und Notwendigkeit verlieren, und die theologische Spekulation wird übergehen in die Schau Gottes, die jene erlangen, die reinen, d.h. geisterfüllten Herzens sind.“[8] Joachim verstand die künftige Geistkirche als eine neue innere Gemeinschaft des Menschen mit Gott, in der der Geist Gottes als inwendiger Lehrer den Menschen erleuchten und ihn in alle Wahrheit leiten würde. Diese unmittelbare Verbindung mit dem innewohnenden Gottesfunken, so seine Vision, würde in der dritten Weltzeit dann zum allgemeinen Verständigungsmittel zwischen Gott und Mensch werden.

Joachims Botschaft von der Umgestaltung der Welt und

dem Anbruch einer neuen Heilszeit hat darüberhinaus aber auch erneut die grundlegende Bedeutung der Christusmystik, den untrennbaren Zusammenhang zwischen Jesus und Prophetengeist ins Bewußtsein christlichen Denkens gerückt. Dies ist ein wesentlicher Grund, warum Joachims Verkündigung auch heute noch unsere ungeteilte Aufmerksamkeit verdient. Walter Nigg schreibt diesbezüglich: „Joachim erschloß sich erneut das Wort aus der Offenbarung Johannes: ‚Das Zeugnis Jesu ist der Geist der Prophetie.' Darum und um nichts anderes kreist Joachims Denken. Wer in Jesus einkehrt, der beschwört den Prophetengeist. Damals und heute noch! Christus und Prophetie hängen viel stärker zusammen, als es die Christenheit gewöhnlich ahnt. Joachim hat begriffen, daß Jesus mit der Geistprophetie identisch ist ... Nicht länger fristete der Heilige Geist als bloßes dogmatisches Anhängsel ein kümmerliches Dasein, er bekam endlich bei Joachim die ihm zugehörende zentrale Stellung. Er wird zu einer wirklichen Kraft, zum Schöpfergeist, so daß Joachim das Christentum nicht mehr für abgeschlossen hielt."[9]

Nach eigenen Berechnungen glaubte Joachim den Beginn der dritten Weltzeit auf das Jahr 1260 datieren zu können. Doch wie alle Versuche vor und nach ihm, den Anbruch des messianischen Reiches mit arithmetischen Mitteln zu bestimmen, mußte auch die Methode des Kalabresers scheitern. Auch wenn sich die Vorhersage Joachims nicht erfüllte und die anfängliche Begeisterung über seine Ankündigung einer allgemeinen Enttäuschung wich, so bleibt es dennoch unleugbare Tatsache, daß die Idee von der Heraufkunft eines Geistzeitalters in der abendländischen Geschichte nicht untergegangen ist.

Es blieb einem anderen vorbehalten, das zu verkünden, was der prophetische Abt im Hochmittelalter vorausgesehen hatte. An der Wende vom Mittelalter zur Neuzeit macht ein Mann von sich reden, den seine Zeitgenossen respektvoll „philosophus teutonicus" nennen. Sein Name ist *Jakob Böh-*

me (1575-1624). Von Beruf ist er zuerst Schuhmacher, dann fahrender Garnhändler. Seine Heimat ist Schlesien. Er weissagt den Aufgang der Morgenröte, den Anbruch eines neuen Zeitalters, des von ihm so benannten ‚Lilienreiches‘: „Es gaffe niemand mehr nach der Zeit. Sie ist schon geboren. Wens trifft, den triffts; wer da wachet, der siehets, und der da schläft, der siehts nicht. Sie ist erschienen die Zeit und wird bald erscheinen; wer da wachet, der sieht sie ... Wisset, daß euch mitternächtigen Ländern eine Lilie blühet!“[10]

Jakob Böhme ist der Herold der heraufdämmernden neuen Heilsepoche, die in den bahnbrechenden Visionen Emanuel Swedenborgs und den gewaltigen Offenbarungen Jakob Lorbers ihr prophetisches Fundament finden würde. Böhmes Erwähnung der „mitternächtigen Länder“ ist schon ein klarer Hinweis auf den ‚nordischen Geisterseher‘ Swedenborg, der ihm in der Reihe der neuzeitlichen Propheten nachfolgen sollte. Seine Zeit sah Böhme als die Zeit an, in der sich Großes anbahnte. Darum sein Aufruf zu höchster Wachsamkeit. Den Tag des Endgerichts und der Wiederkunft Christi sah er in unmittelbare Nähe gerückt. Direkt mit dieser Erwartung verbunden war für ihn die Hoffnung auf eine große Reformation, die auf eine grundlegende Verwandlung des Menschen und der gesamten Welt abzielte.

Wenngleich Jakob Böhme zweifellos als Prophet anzusprechen ist, so besitzt er gleichfalls auch die unverkennbaren Merkmale eines Mystikers. In dieser Hinsicht steht er in direkter Nachfolge Joachim von Fiores. In seinen Schriften betont er immer wieder die Notwendigkeit der inneren Umkehr und Sinneswandlung. Sein Bestreben ist es, seine Leser auf den Weg ernsthafter Christusnachfolge zu führen und ihnen zu tieferen Erkenntnissen über das Wesen Gottes und des Daseins zu verhelfen. Nach Böhme kann dieses Ziel aber nur dann erreicht werden, wenn sich der Suchende in einem ständigen Ringen um die Erleuchtung des Geistes bemüht. Wenn sich Böhme seinen Lesern als geistlicher Lehrer auf dem schmalen Pfad zur inneren Erleuchtung anbietet, so weiß er, wovon er spricht. Im Alter von 25 Jahren erlebte er seinen ersten großen Erleuchtungszustand, der ihm plötzlich die „Augen und Ohren des Geistes“ öffnete und ihn die Geheimnisse Gottes schauen ließ. In seinem literarischen Erstlingswerk ‚Morgenröte im Aufgang‘ beschreibt er dieses Durchbruchserlebnis so: „Als sich aber in solcher Trübsal mein Geist ... ernstlich in Gott erhub als mit einem großen Sturme, und mein ganz Herz und Gemüte samt allen andern Gedanken und Willen sich alles darein schloß, ohne Nachlassen, mit der Liebe und Barmherzigkeit Gottes zu ringen, und nicht nachzulassen, er segnete mich denn, das ist: er erleuchtete mich denn mit seinem Hl. Geiste, damit ich seinen Willen möchte verstehen und meiner Traurigkeit los werden; – so brach der Geist durch ... bis in die innerste Geburt der Gottheit und (ist) allda mit Liebe umfangen worden, wie ein Bräutigam seine liebe Braut umfähet. Was aber für ein Triumphieren im Geiste gewesen, kann ich nicht schreiben oder reden. Es läßt sich auch mit nichts vergleichen als nur mit dem, wo mitten im Tode das Leben geboren wird, und vergleicht sich der Auferstehung von den Toten. In diesem Lichte hat mein Geist alsbald durch alles gesehen und an allen Kreaturen, sowohl an Kraut und Gras, Gott erkannt, wer der sei und was sein Wille sei.“ (19, 10-13)

Hinter Böhmes literarischem Schaffen steht die konkrete Erfahrung des geistigen Schauens. „So ist der Titel seines Bucherstlings zugleich ein Programm, das unter einem Doppelaspekt zu sehen ist: Einmal ist mit dem Strahlen der Morgenröte jenes Erleuchtungserlebnis gemeint, das von jedem einzelnen Menschen empfangen werden soll; zum anderen deutet Morgenröte auf ein Zeitalter-Ereignis hin, von Böhme auch ‚neue Reformation‘ genannt.“[11]

Böhme sieht sich als Werkzeug Gottes. Immer wieder betont er, daß ihm sein Wissen von Gott gegeben wurde und er nichts aus eigener Anschauung niedergeschrieben habe: „Ich habe dem Geist immer nachgeschrieben, wie er es diktieret hat, und der Vernunft keine Stätte gelassen; und erkenne es nicht für ein Werk meiner Vernunft, welche allzu schwach wäre. Sondern es ist Gottes Werk.“ (Theosophische Sendbriefe 10,17) Auch versichert er, daß er sich nicht um die ihm zuteil gewordenen Erkenntnisse bemüht habe. Er schreibt: „Ich suchte allein das Herze Jesu Christi, mich darinnen zu verbergen ... In solchem meinem gar ernstlichen Suchen und Begehren ... ist mir die Pforte eröffnet worden, daß ich in einer Viertelstunden mehr gesehen und gewußt habe, als wenn ich wäre viel Jahr auf hohen Schulen gewesen ... Denn ich sah und erkannte das Wesen aller Wesen, den Grund und Ungrund; item die Geburt der Hl. Dreifaltigkeit, das Herkommen und den Urstand dieser Welt und aller Kreaturen durch die göttliche Weisheit.“ (Theosoph. Sendbriefe 12,6-8)

Was Böhme hier mit schlichten Worten schildert, ist die lebendige Gotteserfahrung eines großen Mystikers. In den Werken des Görlitzer Schusters leuchtet die paulinische Verheißung aus dem ersten Korintherbrief auf: „Was kein Auge gesehen hat und kein Ohr gehört hat und in keines Menschen Herz gekommen ist, was Gott bereitet hat denen, die ihn lieben“ (2,9). Wie Paulus so erlebte auch Böhme die Erweckung des ewigen Lebensgeistes in sich, und in diesem Lichte erschaute er die Tiefen der Gottheit und die Geheimnisse der ganzen Schöpfung. Was der natürlich-fleischliche Mensch niemals zu ergründen vermag, das erschloß sich ihm schlagartig und in aller Klarheit.

Böhme fühlte sich getrieben, das Geschaute niederzuschreiben. Er bekennt: „Ich nehme den Himmel zum Zeugen, daß ich allhie verrichte, was ich tun muß, denn der Geist treibet mich dazu, daß ich auch mit ihm gänzlich gefangen bin und mich seiner nicht erwehren kann, vielleicht was mir auch immer hernach begegnen möchte.“ (Morgenröte 20,72) Die inspirierten Schriften des Görlitzer Meisters finden nach und nach einen breiten Freundeskreis, sie tragen ihm aber auch die Feindschaft des örtlichen Gemeindepfarrers ein, der ihn zeitlebens bekämpft und verfolgt.

Böhme war sich von vornherein im klaren darüber, daß seine Niederschriften nicht den ungeteilten Beifall der etablierten Geistlichkeit finden würden. Das vorstehende Zitat deutet bereits darauf hin. Er war sich aber auch der Autorität dessen bewußt, der sich durch ihn offenbarte. Kraft dieses charismatischen Sendungsbewußtseins richtet er ein deutliches Wort an die Amtsträger der Kirche: „Ihr Theologi, allhier tut euch der Geist Tür und Tor auf. Wollt ihr nun nicht sehen und eure Schäflein auf grüner Weide weiden, sondern auf dürrer Heide, so sollt ihr das vor dem ernsten und zornigen Gerichte Gottes verantworten; da sehet eben zu!" (Morgenröte 20,71) Böhme tritt hier einer Buchstaben-Theologie entgegen, die sich dem lebendigen Zeugnis des Geistes nicht mehr verpflichtet fühlt. Die dürre Heide ist hier Sinnbild für ein spirituell verarmtes Kirchentum, dem es am stetigen Zustrom weiterleitender Offenbarungen ermangelt.

Böhme ist es darum zu tun, seine Leserschaft von der Notwendigkeit der Erleuchtung durch den Geist zu überzeugen, sie auf den Weg geistiger Eigenerfahrung und damit letztlich zur geistigen Neu- oder Wiedergeburt zu führen. Die Reformation, um die es Böhme ging, war eine Reformation des Geistes, eine Verwandlung des inwendigen Menschen. Böhme hat deshalb auch nie die kirchliche Auffassung vertreten, daß mit der Bibel das letzte Wort Gottes zum Menschen gesprochen sei. Er erkannte den göttlichen Wortempfang und die visionäre Schau als natürliche Bezeugung des sich nach wie vor offenbarenden Gottes. „So ist Böhme als der Urheber einer theosophischen Reformation des Christentums zu bezeichnen, einer Theosophie, die nicht wie Luther und die Humanisten verkündete: Zurück zu den Quellen, sondern voran zur Mündung des Stromes der Offenbarung, zum Meer des Geistes." [12]

Mit den großen Visionen und Auditionen des schwedischen Gelehrten und Sehers *Emanuel Swedenborg* (1688-1772) gelangte das neue Zeitalter des Geistes endgültig zum vollen Durchbruch. Als Wissenschaftler von Weltruf betätigte sich Swedenborg erfolgreich auf beinahe allen Wissensgebieten seiner Zeit, namentlich in den Disziplinen: Mathematik, Chemie, Physik, Astronomie, Geologie, Physiologie und Philosophie. Sein schöpferisches Genie führte ihn mit den bedeutendsten Gelehrten der damaligen Zeit zusammen. Er war Mitglied der Stockholmer und Petersburger Akademie der Wissenschaften. Als Abgeordneter des Parlaments setzte er sich erfolgreich für den Finanzhaushalt seines Landes ein. Er machte zahlreiche Reisen ins europäische Ausland, um sich mit den dortigen Forschungsmethoden vertraut zu machen. Seine unermüdlichen Studien auf den verschiedensten Wissensgebieten führten zu zahlreichen Erfindungen und Entdeckungen. Außer den antiken Sprachen beherrschte er Deutsch, Englisch, Französisch, Italienisch und Holländisch. Seinen Lebensunterhalt bestritt er aus seiner Tätigkeit als Assessor im staatlichen Bergwerkskollegium, dem er über dreißig Jahre lang angehörte.

„Bei all seinen wissenschaftlichen Studien gingen ihm die Frömmigkeit und der einfache Glaube, den er im Vaterhause empfangen hatte, nicht verloren, sondern schienen sich zu festigen mit seinen Kenntnissen. Für ihn war die Natur und insbesondere Leib und Seele des Menschen eine Schaubühne göttlichen Wirkens. Ihm dienten Teleskop und Mikroskop und Sonde nur dazu, neue Wunder der göttlichen Liebe und Weisheit an den Tag zu bringen.“[13]

An der Wende zum letzten Lebensdrittel, als er im Begriff war, seine gewonnenen Erkenntnisse in einen philosophischen Gesamtzusammenhang zu stellen, wurde Swedenborg durch zwei Christusvisionen zu seinem heiligen Amt als Seher berufen. In dem Bericht über die Geschehnisse des Jahres 1744 heißt es u.a.: „In meinem Geist und Leib hatte ich die Empfindung einer so unbeschreiblichen Wonne, daß sich, wäre sie noch stärker geworden als sie schon war, mein Leib in reinster Seligkeit aufgelöst hätte ... Ich fühlte, daß etwas Heiliges über mich kam. Ich fiel dann in Schlaf und nachts ergriff mich ein gewaltiges Zittern von Kopf zu Fuß, das von einem Geräusch begleitet war, wie ein Zusammenprall vieler Winde. Durch dieses unbeschreibliche Geräusch wurde ich erschüttert und auf mein Angesicht geworfen. In dem Augenblicke, da ich niedergeworfen wurde, erwachte ich ganz und da sah ich, daß ich auf dem Boden hingestreckt lag. Ich wunderte mich, was das bedeutete und redete dann in wachem Zustand. Ich bemerkte, daß folgende Worte in meinen Mund gelegt wurden: ‚O Du allermächtiger Jesus Christus, der Du in Deiner großen Barmherzigkeit geruhest, zu einem solchen Sünder zu kommen, mache mich Deiner Gnade würdig!‘ Ich erhob meine Hände und betete, als eine Hand kam und meine Hände heftig drückte. Ich setzte dann mein Gebet fort und sprach: ‚O Du, der Du verheißen hast, in Gnaden alle Sünder anzunehmen, Du kannst nicht anders als Dein Wort halten!‘ Da lag ich an Seiner Brust und schaute Ihn von Angesicht zu Angesicht. Es war ein Gesicht mit einem solchen Ausdruck der Heiligkeit, daß ich es nicht beschreiben kann. Er lächelte und ich glaube wirklich, daß sein Gesicht so war während Seines Erdenlebens. Er wandte sich zu mir zu und ... sagte: ‚Tue es also!‘ Dies bedeutet, wie ich in meinem Sinn verstand: ‚Liebe mich wirklich!‘ oder: ‚Tue, was du versprochen hast!‘...“[14]

Aber erst die Berufung des Jahres 1745 bringt Swedenborg die rechte Klarheit über seinen Auftrag. In seinem Bericht darüber heißt es: „Ich kann heilig beteuern, daß mir der Herr selbst erschienen ist und daß er mich gesandt hat zu tun, was ich tue und daß Er zu diesem Zweck das Innere meines Geistes, das heißt meines Geistmenschen aufgeschlossen hat, damit ich Dinge, die in der geistigen Welt sind, sehen und alle, die sich daselbst befinden, hören könne. Jedermann kann einsehen, daß die Offenbarung durch niemand anders erklärt werden kann, als durch den Herrn allein. Daher hat es dem Herrn gefallen, mir das Gesicht meines Geistes zu öffnen und mich zu lehren."[15]

Von dieser Zeit an gibt Swedenborg seine Tätigkeit in der obersten Bergwerksbehörde auf und widmet sich ausschließlich den Schauungen und Offenbarungen der geistigen Welt. Er schreibt: „Ich entsagte aller weltlichen Gelehrsamkeit und Ruhmsucht und arbeitete in geistigen Dingen, wie mir der Herr befahl zu schreiben. Diese Dinge sind: die Öffnung der geistigen Welt und die Erklärung des inneren Sinnes der Bibel, durch den eine Verbindung mit den Engeln stattfindet."[16] Nahezu dreißig Jahre lang hatte Swedenborg Zugang zur jenseitigen Welt, die er mit großer Sorgfalt beobachtete und in seinen umfangreichen Werken beschrieb.

Nach Swedenborgs Aussage hatte in seinen Tagen ein neues Zeitalter begonnen, in dem die institutionelle Ämterkirche durch eine neue Kirche abgelöst werden würde. Als Verkünder dieser neuen Kirche sah sich Swedenborg dazu berufen, durch Belehrungen aus der geistigen Welt die ursprüngliche Wahrheit des göttlichen Wortes wieder lebendig zu machen und somit die Verbindung des Menschen mit Gott auf eine neue tragfähige Grundlage zu stellen. Wie später Jakob Lorber erblickte auch Swedenborg in der nun unverhüllt geoffenbarten Lehre der neuen Kirche das ‚Neue Jerusalem' oder die ‚Wiederkunft Christi im Wort'. Swedenborg betont ausdrücklich, daß die zweite Ankunft des Herrn nicht als fleischliche Wiederkunft mißverstanden werden darf. Er schreibt: „Die zweite Ankunft des Herrn geschieht nicht in Person, sondern im Wort, das von Ihm und Er selbst ist" (Wahre Christliche Religion, 776). „Um beständig gegenwärtig sein zu können, hat der Herr mir den geistigen Sinn Seines Wortes enthüllt, in welchem die göttliche Wahrheit in ihrem Lichte ist, und in diesem Lichte ist Er beständig gegenwärtig" (Wahre Christliche Religion, 780).

Swedenborg rückt mit dieser grundlegenden Aussage einen biblischen Sachverhalt ins Licht, der von den allermeisten Christen bis heute nicht verstanden worden ist. Und zwar handelt es sich hierbei um die untrennbare Einheit zwischen Jesus und seinem Wort. In der Offenbarung des Johannes lesen wir von Jesus den bedeutsamen Satz: „Und er war angetan mit einem blutbesprengten Kleide, und sein Name heißt: Das Wort Gottes“ (19,13). Dieser Vers besagt unmißverständlich: Jesus und das Wort sind eins, Jesus ist das Wort, das Wort ist sein Name! Nur drei Verse vorher finden wir das zweite wichtige Schlüsselwort, das hierauf Bezug nimmt und schon weiter vorne zitiert worden ist: „Das Zeugnis Jesu ist der Geist der Prophetie“ (19,10). Dies bedeutet: Jesus, der Geist und das Wort sind eins, sind einunddasselbe. Im prophetischen Wort ist Jesus selbst gegenwärtig, da er das Wort selber ist!

Diese Erkenntnis ist von allergrößter Wichtigkeit, weil sie uns die Augen dafür öffnet, daß der Herr selbst in den großen Offenbarungen eines Emanuel Swedenborg und eines Jakob Lorber zu den Menschen herabgekommen ist. Das Neue Jerusalem ist also bereits mitten unter uns, es ist kein zukünftiges Ereignis, auf das wir noch warten müssen. Es geht jetzt darum, zu hören, was der Geist unserem Zeitalter zu sagen hat. Es wäre furchtbar, wenn es von der zweiten Ankunft Christi abermals hieße: „Und das Licht scheint in der Finsternis, und die Finsternis hat's nicht ergriffen“ (Joh. 1,5).

Genauso untrennbar wie das Wort und der Geist gehören laut Swedenborg die Liebe und der Glaube zusammen. Swedenborg erteilt der Lehre vom alleinseligmachenden Glauben eine klare Absage. Er schreibt: „Denn wie Liebe und Glaube den Himmel machen, so machen auch Liebe und Glaube die Kirche ... Allein die bloße Lehre macht noch nicht die Kirche beim Menschen, sondern ein ihr gemäßes Leben: daraus folgt, daß nicht der Glaube allein die Kirche macht, sondern ein Leben des Glaubens, welches tätige Liebe ist. Die echte Lehre ist die Lehre der tätigen Liebe und zugleich des Glaubens, und nicht eine Glaubenslehre ohne jene." (Von dem Neuen Jerusalem und seiner himmlischen Lehre, 241, 243)

Erinnern wir uns an dieser Stelle daran, daß Jesus einen alleinseligmachenden Glauben ja auch nie gelehrt hat, sondern dem Glauben immer die werktätige Liebe zur Seite gestellt hat. Stets hob Jesus hervor, daß nur das Handeln nach seiner Lehre den Menschen vor Gott gerecht macht und ihm die Tore des Himmelreiches öffnet. Er sagte: „Es werden nicht, die zu mir sagen: Herr, Herr! in das Himmelreich kommen, sondern die den Willen *tun* meines Vaters im Himmel" (Matth.7,21). Desgleichen lesen wir bei Johannes: „Ihr seid meine Freunde, wenn ihr *tut,* was ich gebiete" (15,14). Nur wer den Glauben durch die Werke der Nächstenliebe zum Leben erweckt, gleicht einem klugen Mann, der sein Haus auf einen Felsen baut (vergl. Matth.7,24). Eine Rechtfertigung allein aus dem Glauben ist unbiblisch, sie gleicht einem Haus, das auf Sand gebaut ist. Dies bezeugt auch der Jakobusbrief: „Seid aber Täter des Worts und nicht allein Hörer, ansonsten ihr euch selbst betrügt" (1,22). „Denn gleichwie der Leib ohne Geist tot ist, so ist auch der Glaube ohne Werke tot" (2,26). Durch seinen Propheten Swedenborg hat Jesus diese grundlegende Säule des Evangeliums wieder ins rechte Licht gerückt.

Größte Beachtung verdient auch Swedenborgs Lehre vom Leben nach dem Tod. Sein Ruf als Seher beruht vorallem auf seiner grandiosen Schau der jenseitigen Welten. Nirgends in der religiösen Weltliteratur vor ihm ist jemals in solch klarer und allgemeinverständlicher Weise über das nachtodliche Leben berichtet worden. Swedenborg betonte stets, daß ihm seine Jenseitsvisionen ohne sein Zutun vom Herrn gegeben wurden: „Vermöge der göttlichen Barmherzigkeit des Herrn ist mir vergönnt worden, schon einige Jahre lang fortwährend und ununterbrochen im Umgang mit Geistern und Engeln zu sein, sie reden zu hören und hinwiederum mit ihnen zu reden; daher staunenswerte Dinge im andern Leben zu hören und zu sehen gegeben worden sind, welche nie zu eines Menschen Kenntnis gelangt sind. Ich bin dort belehrt worden über die verschiedenen Arten der Geister, über den Zustand der Seelen nach dem Tode, über die Hölle oder den bejammernswerten Zustand der Gottlosen, über den Himmel oder den seligen Zustand der Gläubigen und hauptsächlich über die Glaubenslehre, die im gesamten Himmel anerkannt wird."[17]

Aus der Schau des nordischen Sehers geht hervor, daß der Mensch im Tode nur von einer Welt in die andere übergeht, und lediglich das Körperliche von ihm getrennt wird. Wie die abgeschiedene Menschenseele die jenseitige Welt vorfindet, das hängt nach Swedenborg entscheidend davon ab, inwieweit hier auf Erden die Gebote Gottes verwirklicht wurden.

In der Sicht Swedenborgs gliedert sich die jenseitige Welt den geistig-seelischen Entwicklungsgraden der Verstorbenen entsprechend in Himmel, Hölle und Geisterwelt. In die Geisterwelt gelangt die entleibte Seele zuerst. Sie ist eine Art Zwischenreich, in dem das wahre Wesen des Menschen enthüllt wird, dergestalt, daß nun offen zutage tritt, was er in seinen Erdentagen gedacht, geredet und getan hat. Da der Mensch sein Gedächtnis aus der natürlichen Welt mit hinübernimmt, geht keine noch so geringfügige und verborgene Begebenheit aus seinem Leben verloren, auch wenn sie sich seiner Erinnerung längst entzogen hat. Aus diesen seinen Taten und Worten wird der Mensch dann gerichtet, das heißt, gemäß seinem Streben und Wollen den entsprechenden Seinsebenen des Himmels oder der Hölle zugeführt.

Eine umfassende Schilderung der geistigen Welt, ihrer Zustände und ihres Aufbaus gibt Swedenborg in seinem wohl bekanntesten Werk, das den Titel ‚Himmel und Hölle' trägt.

Eines machen die Kundgaben Swedenborgs indes deutlich: Es gibt weder einen langandauernden bewußtlosen

Seelenschlaf noch eine Auferstehung an einem fernen Jüngsten Tag. Die Vorstellung von einem jahrhundertelangen Seelenschlaf wäre überdies auch mit der Lehre Jesu gar nicht vereinbar. „Heute noch wirst du mit mir im Paradiese sein", verhieß Jesus dem mitgekreuzigten Schächer (Luk.23,43). Also nicht erst in hundert oder tausend Jahren. Und Martha, der Schwester des Lazarus, versicherte er: „Wer an mich glaubt, der wird leben, auch wenn er gestorben ist" (Joh. 11,25). Schon diese wenigen Beispiele zeigen, daß die Weiterexistenz der Seele nach dem Tode des Leibes für das Neue Testament eine Selbstverständlichkeit ist. Wie Swedenborg offenbart wurde, ist denn auch unter dem Jüngsten Tag nichts anderes zu verstehen als der Tag der Auferstehung, also der erste d.h. jüngste Tag in der geistigen Welt.

Von grundlegender Bedeutung für die Realisierung der Neuen Kirche ist das Gottesbild, das uns Swedenborg vermittelt. Er weist mit Nachdruck darauf hin, daß die trinitarische Gottesvorstellung, wie sie durch die Kirchen verkündigt wird, nicht dem biblischen Wahrheitszeugnis entspricht. Eine Dreipersonenlehre wird in der Heiligen Schrift nirgends gelehrt und verfälscht nach Swedenborg die Einheit Gottes. Es gibt laut Swedenborg keinen Gott in drei Personen, die für sich gleichermaßen ewig, unendlich und allmächtig sind, sondern nur *einen* Gott, der sich in dreifacher Weise, eben als Vater, Sohn und Heiliger Geist offenbart hat. Somit ist Jesus auch keine vom Vater unterschiedene Gottheit, sondern der fleischgewordene Gott selbst.

Erst aus diesem Blickwinkel werden die scheinbar widersprüchlichen Aussagen der Bibel verständlich. „Ich, ich bin der Herr, und außer mir ist kein Heiland", spricht Jehova-Gott bei Jesaja (43,11). Und beim Evangelisten Johannes spricht Jesus zu seinen Jüngern: „Wenn ihr mich kenntet, so kenntet ihr auch meinen Vater. Und von nun an kennet ihr ihn und habt ihn gesehen ... Wer mich sieht, der sieht den Vater" (14,7.9). Die Bibel läßt keinen Zweifel daran, daß Jesus der

Vater und der Sohn selbst ist, in einer Person. So wird in der Zusammenschau von biblischer und nachbiblischer Prophetie jeglicher Widerspruch von Trinität und Einheit Gottes aufgehoben.

Welch außerordentliche Bedeutung diese wahre Gotteserkenntnis für unser Weiterleben in der geistigen Welt hat, das erläutert Swedenborg zu Beginn seines Werkes ‚Himmel und Hölle': „Ich sprach hierüber öfters mit den Engeln, und sie sagten beharrlich, man könne im Himmel das Göttliche nicht in drei (Personen) unterscheiden, weil man dort weiß und wahrnimmt, daß das Göttliche eines ist, und zwar im Herrn. Die Engel sagten auch, daß Mitglieder der Kirche, die von der Welt herkommen, nicht in den Himmel aufgenommen werden können, wenn sich bei ihnen die Idee von drei göttlichen Personen findet, weil ... es im Himmel nicht erlaubt ist, an drei zu denken und dabei doch nur einen zu nennen." [18]

Und an anderer Stelle ergänzt Swedenborg: „Von einer richtigen Gottesvorstellung hängt auch das ganze theologische System ab, geradeso wie eine Kette von ihrem obersten Ringe; und – wenn der Leser mir glauben will – ein jeder erhält seinen Platz in den Himmeln gemäß seiner Gottesvorstellung." (Wahre Christliche Religion 163)

Angesichts der großen Bedeutung, die einem rechten Gottesbild hier zugemessen wird, soll an dieser Stelle auf den zweiten Teil dieses Buches verwiesen werden, wo dieses Thema in dem Kapitel ‚Wer Jesus wirklich ist' noch einmal aufgegriffen wird.

Mit großem Ernst weist Swedenborg darauf hin, daß unter dem „Greuel der Verwüstung" und „der großen Trübsal", die Jesus in seiner Endzeitrede prophezeit (Matth. 24), eben jene verhängnisvollen Mißverständnisse und Fehldeutungen der Heiligen Schrift zu verstehen sind, wie sie vorallem im Trinitätsdogma und in der Rechtfertigungslehre formuliert sind. Mit der „Verkürzung jener Trübsalstage" ist dementsprechend die Wiederherstellung der reinen, unverfälschten

Evangelienlehre durch die neue Prophetie gemeint, die sodann die neue Kirche des Herrn und damit das neue Zeitalter vorbildet.

In über 40 umfangreichen und über 50 kleineren Schriften entwickelte Swedenborg die Lehre von der Neuen Kirche. Nur einige Schwerpunkte daraus konnten in diesem Abschnitt behandelt werden. Swedenborg erfreute sich bis ins hohe Alter einer strotzenden Gesundheit und verstarb 84jährig, nachdem er den Tag seines Heimgangs einen Monat vorher angekündigt hatte. Nur wenige Jahre nach seinem Tod schlossen sich seine Anhänger in England und den USA zu Gemeinden zusammen. Die Pflege, Herausgabe und Verbreitung seiner Werke im deutschsprachigen Raum hat sich der Swedenborg-Verlag in Zürich zur Aufgabe gemacht.

Die Offenbarungen Swedenborgs sind nur noch von einem übertroffen worden, von *Jakob Lorber* (1800-1864), dem größten aller christlichen Propheten. Ihm sei daher nachfolgend ein eigenes Kapitel gewidmet.

Das prophetische Werk Jakob Lorbers – Das Hauptwerk der Wiederkunft Jesu

War das prophetische Licht des anbrechenden Geistzeitalters in den Werken Swedenborgs bereits zum gleißenden Morgen erwacht, so sollte es in den inspirierten Niederschriften eines schlichten Mannes aus der Steiermark endgültig die volle Mittagshöhe erreichen. Es war der Musiklehrer und Geigenvirtuose Jakob Lorber, den die göttliche Vorsehung dazu ausersehen hatte, der Menschheit das ursprüngliche und ewige Evangelium in seiner ganzen Fülle und Reinheit neu zu offenbaren.

Jakob Lorber wurde als Sohn einer Bauernfamilie in der unteren Steiermark geboren. Da er schon früh eine musikalische Begabung zeigte, erhielt er eine Ausbildung in verschiedenen Instrumenten, die er mit den Jahren durch eigene Studien ständig vertiefte. Beruflich entschied er sich jedoch für die Lehrerlaufbahn. In der Landeshauptstadt Graz erwarb er sein Diplom als Hauptschullehrer. Nachdem er sich vergeblich um eine Anstellung bemüht hatte, wandte er sich wieder seiner alten Vorliebe, der Musik, zu. Lorber ließ sich in Graz nieder, wo er privaten Musikunterricht erteilte, hin und wieder in Konzerten auftrat und bisweilen auch komponierte. Aber so wie es im Leben aller großen Seher und Propheten eine begnadete Stunde der Erwählung gab, so hatte auch Jakob Lorber sein denkwürdiges Berufungserlebnis. Als er im Alter von 40 Jahren im Begriff stand, die frei gewordene Stelle eines zweiten Dirigenten in Triest anzunehmen, hörte er am frühen Morgen des 15. März 1840 eine Stimme in seiner Brust, die ihm befahl: „Stehe auf, nimm deinen Griffel und schreibe!"

Lorber gehorchte diesem inneren Ruf, den er als die Stimme des Herrn erkannt hatte, verzichtete auf das berufliche Angebot und schrieb fortan nieder, was ihm die Stimme Gottes diktierte. Während der folgenden 24 Jahre bis zu seinem Tod unterbrach er seine Schreibtätigkeit, die täglich mehrere Stunden in Anspruch nahm, nur selten. Ans Wunderbare grenzt dabei die Tatsache, daß seine Manuskripte, die viele tausend Seiten umfassen, so gut wie keine Korrekturen aufweisen. Die ersten Sätze, die Jakob Lorber auf inneres Geheiß niederschrieb und die den Eingang des dreibändigen Werkes ‚Die Haushaltung Gottes' bilden, lauten: „So sprach der Herr zu und in mir für jedermann, und das ist wahr und getreu und gewiß: Wer mit Mir reden will, der komme zu Mir, und Ich werde ihm die Antwort in sein Herz legen. Jedoch die Reinen nur, deren Herz voll Demut ist, sollen den Ton Meiner Stimme vernehmen. Und wer Mich aller Welt vorzieht, Mich liebt wie eine zarte Braut ihren Bräutigam, mit dem will Ich Arm in Arm wandeln. Er wird Mich allezeit schauen wie ein Bruder den andern Bruder, und wie Ich ihn schaute schon von Ewigkeit her, ehe er noch war.“ (1,1-2)

Lorbers Biograph, der Grazer Dichter Karl Ritter von Leitner schildert uns die Schreibtätigkeit des steirischen Propheten wie folgt: „Lorber begann dieses Schreibgeschäft, welches von nun an die Hauptaufgabe seines Daseins blieb, fast täglich schon morgens vor dem Frühstück, welches er in seinem Eifer nicht selten ganz unberührt stehen ließ. Dabei saß er, meistens mit einer Mütze auf dem Kopf, an einem kleinen Tischchen, im Winter knapp neben dem Ofen, und führte ganz in sich gekehrt, mäßig schnell, aber ohne je eine Pause des Nachdenkens zu machen oder eine Stelle des Geschriebenen zu verbessern, ununterbrochen die Feder, wie jemand, dem von einem andern etwas vorgesagt wird.

Zu wiederholten Malen tat er, wenn er hiervon sprach, auch die Äußerung, er habe während des Vernehmens der ihm einsagenden Stimme auch die bildliche Anschauung des Gehörten. Seiner Aussage nach teilte er das innerlich Vernommene aber noch leichter mit, wenn er es einem andern mündlich kundgeben konnte. Und in der Tat diktierte er einigen seiner Freunde einzelne Aufsätze, ja ganze Werke von mehreren hundert Schriftbogen. Dabei saß er neben dem Schreibenden, ruhig vor sich hinschauend und nie in seinem Redeflusse stockend oder irgendeine Satzfügung oder auch nur einen einzelnen Ausdruck abändernd. Und wenn sein Diktieren durch Zufall auf kürzere oder längere Zeit, selbst für Tage und Wochen, unterbrochen wurde, so vermochte er das bisher Geschriebene, ohne von demselben mehr als etwa die letzten Worte oder Zeilen nachgelesen zu haben, sogleich im richtigen Zusammenhange fortzusetzen.

An einen Freund schrieb Lorber im Jahre 1858 über die in ihm redende Geistesquelle, die er als die Stimme Jesu Christi, das lebendige Wort Gottes empfand: ‚Bezüglich des innern Wortes, wie man dasselbe vernimmt, kann ich, von mir selbst sprechend, nur sagen, daß ich des Herrn heiligstes Wort stets in der Gegend des Herzens wie einen höchst klaren Gedanken, licht und rein, wie ausgesprochene Worte, vernehme. Niemand, mir noch so nahe stehend, kann etwas von irgendeiner Stimme hören. Für mich erklingt diese Gnadenstimme aber dennoch heller als jeder noch so laute materielle Ton. – Das ist aber nun auch schon alles, was ich Ihnen aus meiner Erfahrung sagen kann.‘“ [19]

„Man müßte in Superlativen sprechen, um auszudrücken, wer Jakob Lorber eigentlich war. Sieht man ihn als Literaten, dann übertrifft er alle Schriftsteller, Dichter und Denker aller Zeiten, denn wo gäbe es ein umfassenderes Wissen, eine tiefere Interpretation, eine genauere Kenntnis von geographischen, geschichtlichen, biologischen und naturwissenschaftlichen Gegebenheiten seit der Erschaffung des Kosmos als in seinen Werken, die 25 fünfhundertseitige Bände füllen, die kleineren Schriften nicht mitgerechnet. Nimmt man ihn als mediales Genie, so übertrifft er alle Eingeweihten, die wir kennen. Es gibt noch kein Wort für ihn, das ihn wirklich darstellen könnte, und wenn er sich selbst den ‚Schreibknecht Gottes‘ nannte, so entspricht das nur seiner demütigen Selbsteinschätzung.“ [20]

Zu seinen Lebzeiten ist nur ein geringer Teil seines umfangreichen Werkes gedruckt und veröffentlicht worden. Lorber selbst hat jedoch zu keiner Zeit Einkünfte aus seinen Schriften bezogen. Er führte ein zurückgezogenes Leben in Bescheidenheit und Armut, und nur seine engsten Freunde wußten um seine göttliche Berufung. Schon dieser Umstand ist ein Beweis für die Echtheit seiner prophetischen Sendung. Inzwischen hat das Lorber-Schrifttum, auch Neuoffenbarung genannt, bereits eine Auflagenhöhe von über einer Million Exemplaren überschritten. Es läßt sich in vier Hauptgruppen gliedern:

1. Die Bücher über Jesu Leben und Lehre. Dazu gehören: Das zehnbändige Werk ‚Das große Evangelium Johannes', das über das dreijährige Lehramt Jesu berichtet. Als Lorber im Jahre 1864 starb, blieb dieses Hauptwerk unvollendet. Erst 27 Jahre später erweckte die göttliche Stimme Leopold Engel und berief ihn, das Werk zu vollenden. So wurde ein elfter Band hinzugefügt, der die letzten Wochen im Leben Jesu zum Inhalt hat, einschließlich Kreuzigung, Tod und Auferstehung. Ferner ein Band über Kindheit und Jugend Jesu, dann eine kleinere Schrift über den 12jährigen Jesusknaben im Tempel und schließlich die Wiederoffenbarung des verschollenen Briefwechsels Jesu mit dem Fürsten von Edessa.
2. Die Urgeschichte der Menschheit von der Erschaffung des ersten Menschenpaares bis hin zur Sündflut, dargestellt in dem dreibändigen Werk ‚Die Haushaltung Gottes'.
3. Werke über die Schöpfung. Einblicke in die Geheimnisse der irdischen und kosmischen Schöpfung.
4. Werke über das Jenseits. Mitteilungen über das Fortleben des Menschen nach dem Tode.

Neben den großen Offenbarungswerken hat Lorber noch sogenannte Nebenworte zu seiner und seiner Freunde Belehrung empfangen. Diese kleineren Einzelkundgaben sind in dem dreibändigen Werk ‚Himmelsgaben' zusammengefaßt, das auch als das „geistige Tagebuch Jakob Lorbers" bezeichnet wird.

Die Krönung des Lorber-Werkes bildet zweifelsohne ‚Das große Evangelium Johannes', so benannt nach dem Lieblingsjünger des Herrn, da es ganz in seinem Geiste geschrieben ist. Es handelt sich hierbei um die eingehende Darstellung der drei Lehrjahre Jesu und die vollständige Wiederoffenbarung seiner Heilsbotschaft in ihrer ursprünglichen Form. Jesus höchstpersönlich nimmt sich des Lesers als Führer und Erzähler an und läßt ihn im Kreise seiner Jünger genau die Wege verfolgen, welche er zu Fuß und auch per Schiff im damaligen Palästina zurückgelegt hat. So dürfen wir hautnah dabei sein, wenn er seine Zuhörer in die tiefsten Geheimnisse Gottes einweiht und in einem Maße Wunder wirkt, das weit über das hinausgeht, was die Bibel darüber zu berichten weiß. Im Zuge dieser Berichterstattung werden wir darüberhinaus mit einer Fülle von Ereignissen konfrontiert, über die uns die biblischen Evangelien keinerlei Kenntnis geben. Wir nehmen aber auch teil an uns schon bekannten Begebnissen, und nicht selten erscheinen sie uns in einem ganz neuen Licht. Dabei lernen wir mancherlei Menschen und ihre näheren Lebensumstände kennen, die in den Evangelien nicht einmal beim Namen genannt werden, wie z.B. Irhael, die Samaritanerin am Jakobsbrunnen, darüberhinaus viele andere Personen, die in der Bibel überhaupt nicht genannt werden. Wir nehmen mit Staunen zur Kenntnis, daß die Elite der damaligen Welt um Jesus geschart war, und daß Cyrenius als Vizekaiser von Asien und oberster Stellvertreter des Kaisers Augustus ein allerengster Freund des Heilandes war und diesen schon von Kindheit auf kannte. Wir lernen die Lebensgeschichte des Judas Ischariot kennen und erfahren, daß Jesus während seiner drei Lehrjahre hohe Engelsgeister sichtbar dienend zur Seite standen, wann immer er ihrer zur Belehrung seiner Anhängerschaft bedurfte. Damit sehen wir in wunderbarer Weise das bestätigt, was bereits beim Evangelisten Johannes Erwähnung findet: „Ihr werdet den Himmel offen sehen und die Engel Gottes hinauf und herab fahren auf des Menschen Sohn“ (1,51).

Wichtige Aufschlüsse erhalten wir auch über die Entstehung der Evangelien. Klar widerlegt wird die theologische Lehrmeinung, daß keiner der Evangelisten ein unmittelbarer Zeuge des Wirkens Jesu gewesen sei. Durch Lorber erfahren wir, daß die Evangelien des Matthäus und Johannes unter Jesu persönlicher Leitung geschrieben worden sind. Von Matthäus wird uns berichtet, daß er ein galiläischer Zollschreiber war, der in römischen Diensten stand. Er wurde von Jesus persönlich zu seinem Amt als Evangelienschreiber berufen, da er mit dem Griffel besonders schnell umgehen konnte. Überdies hatte er schon vor seiner Berufung Begebnisse aus der Jugendzeit Jesu aufgezeichnet. Noch vor Matthäus hatte aber schon der Jünger Johannes von Jesus den Auftrag erhalten, über seine Lehrtätigkeit zu berichten. Jesus bezeichnet ihn als seinen „Leibschreiber", da er ein „reiner Diamant in der Liebe" sei und darum tiefer sah als die anderen Jünger. So wies Jesus den Johannes an, in seiner Niederschrift auch nur die Dinge festzuhalten, die für die ganze Unendlichkeit Gültigkeit besitzen, während Matthäus dazu ausersehen war, mehr die äußeren Vorkommnisse zu schildern, die nur dieser Erde zugute kommen. So erklären sich die Unterschiede in der Berichterstattung beider Evangelien ganz natürlich aus den speziellen Anweisungen, die Jesus seinen Jüngern zur Niederschrift gab. Falsch ist die Annahme, Markus sei der erste gewesen, der einen Evangelienbericht zusammengestellt habe. Aus der Neuoffenbarung Jesu geht hervor, daß der Evangelist Markus ein Sohn des Apostels Petrus war, so daß über die Quelle seines Wissens nicht weiter spekuliert werden muß. Lediglich der Bericht des Evangelisten Lukas ist erst 50 Jahre nach Jesu Tod verfaßt worden. *

Auch zum Thema Qumran erfahren wir viel Wissenswertes. Auf die haltlose These, Jesus sei ein Essener gewesen, wie es in der Auseinandersetzung um die Qumran-Texte von einigen Autoren behauptet wurde, soll hier nicht näher eingegangen werden. Die Neuoffenbarung läßt keinen Zweifel daran, daß in Jesus „die Fülle der Gottheit leibhaftig wohnte"

---

* An dieser Stelle sei auf die bahnbrechende Forschungsarbeit von Eta Linnemann (Gibt es ein synoptisches Problem?, Hänssler-Verlag) verwiesen, die anhand quantitativer Untersuchungen nachweist, daß die theologische Lehrmeinung, es gebe eine literarische Abhängigkeit zwischen den drei synoptischen Evangelien (Matthäus, Markus, Lukas), kaum noch zu halten ist.

und damit auch der Urgrund aller Weisheit und allen Wissens. Somit ist es völlig müßig, sich mit dem Gedanken zu befassen, Jesus hätte irgendeiner menschlichen Schulung bedurft. Was es mit dem Essenerorden tatsächlich auf sich hatte, wird uns im ‚Großen Evangelium Johannes' sehr detailliert beschrieben. Danach besaßen die Essener zwei Zentren, einmal die Ordensniederlassung am Toten Meer und die Zentrale in Essäa, nahe der Grenze zu Ägypten. Wir erfahren auch, daß der Jünger Bartholomäus ein ehemaliger Mitarbeiter der Essener war und als solcher allerhand aus der Praxis des Ordens zu berichten wußte. Der wichtigste Umstand aber ist, daß Jesus selbst die Ordensführung in Essäa aufsuchte und sie für die Botschaft des Evangeliums gewinnen konnte. Dieses Ereignis wird uns durch die Geschichtsschreibung indirekt bestätigt, denn mit alleiniger Ausnahme der Essener widersetzten sich die Juden aller Sekten der Botschaft des Evangeliums.[21] Dies ist die eigentliche Sensation zum Thema Qumran!

Das ‚Große Evangelium Johannes' vermittelt uns aber auch tiefe Einblicke in das Leben, die Gepflogenheiten und Sitten des biblischen Palästina. Ein wahrer Schatz an Informationen eröffnet sich dem Leser über die kulturellen, religiösen und auch politischen Verhältnisse der biblischen Provinzen Galiläa, Samaria und Judäa.

Ebenso finden alle Fragen zur Person Jesu und seiner näheren Lebensumstände ihre umfassende Beantwortung. Wir erfahren, was die Menschen jener Zeit von ihm hielten und wie der jüdische Klerus auf sein Wirken reagierte. Wir lernen die Familienverhältnisse des Heilands kennen, hören Berichte aus seiner Jugendzeit und vernehmen das genaue Datum seiner Geburt. Aber auch über das äußere Erscheinungsbild Jesu erfahren wir konkrete Einzelheiten. Er wird uns als blondhaarig und mittelgroß geschildert, mit stark gebräuntem Gesicht und rauhen ausgearbeiteten Händen. Seine blauen Augen werden als die schönsten, die je gesehen wurden, seine Stimme als hinreißend männlich und die Züge seines Mundes als freundlich und würdevoll beschrieben. Bekleidet war er mit einem rosaroten Leibrock mit einem weiten hellblauen Mantel darüber.

Hauptwirkungskreis der Lehrtätigkeit Jesu war das Uferland des Galiläischen Meeres. Doch wie schon bei Johannes geschrieben steht, tat Jesus auch viele Dinge, die uns in den biblischen Evangelien nicht überliefert sind. So war er nicht nur im Süden des Landes bis an die ägyptische Grenze nach Essäa gekommen, sondern uns wird auch von einer Reise nach Kappadozien, an die Städte des Euphrat berichtet, wo Jesus auch unter den Heiden das Evangelium predigte.

Überall, wo er auftrat, wurden durch seinen Mund alle wichtigen Bereiche des menschlichen Lebens beleuchtet, geregelt und geordnet. Er gab Verhaltenswinke zum rechten Familienleben, zur Ehe und Geschlechtlichkeit, zur Kindererziehung, Ernährung, Krankenheilung und Gesundheitspflege und erteilte auch Ratschläge zu landwirtschaftlichen Belangen. Kein Aspekt des Lebens wurde ausgeklammert, auch nicht die Obliegenheiten der Staatsführung.

Ganz entscheidend zu wissen ist jedoch, daß Jesus darüberhinaus seinen engeren Jüngerkreis in die tiefsten Geheimnisse der Schöpfung und des ewigen Lebens einweihte, ohne daß davon etwas nach draußen drang. Alle diese Enthüllungen im vertrauten Jüngerkreise unterlagen der strengsten Geheimhaltung, da die Menschen der Antike für derlei Offenbarungen noch nicht reif waren. Der Evangelist Markus erwähnt diesen wichtigen Tatbestand (4,11.34). Kurt Eggenstein, ein Kenner der Prophetie Jakob Lorbers, bemerkt in diesem Zusammenhang: „Das Wort des Apostels Paulus: ‚Milch habe ich euch zu trinken gegeben, weil ihr starke Speise nicht vertragen könnt‘ (1. Kor. 3,2), hatte in der damaligen Zeit seine Berechtigung. Im Laufe der Zeit, insbesondere im 20. Jahrhundert, hat sich der geistige Horizont der Menschen geweitet, und viele hungern nach kräftigem geistigem Brot, weil sie die bisherige Nahrung nicht mehr zu sättigen vermag. Zwar gibt es noch zahlreiche Zeitgenossen, die das System und die eingelernten Vorstellungen mehr lieben als die Wahrheit, doch nimmt bei der jungen Generation das Verlangen nach geistiger Neuorientierung mehr und mehr zu."[22]

Dem Verlangen vieler Menschen nach transzendentaler Sinngebung und neuer Spiritualität wird nun durch die Wiederoffenbarung eben jener grundlegenden Heilswahrheiten, die damals nur einem kleinen Jüngerkreis vorbehalten waren, in vollem Umfang Rechnung getragen. Alle Fragen nach dem Sinn und Ziel des Menschenlebens, dem Grund und Zweck der Schöpfung, dem Wesen Gottes, dem wahren Heilsweg zu Gott, dem Leben nach dem Tod etc. finden in der Neuoffenbarung Jesu durch Jakob Lorber ihre tiefe und umfassende Beantwortung. Die Hauptpunkte der neuempfangenen Heilslehre sollen im zweiten Teil dieses Buches einer eingehenderen Betrachtung gewürdigt werden.

Wie ein Film läuft der Erdenweg Jesu im ‚Großen Evangelium Johannes' vor unserem inneren Auge ab. Dabei spannt sich der Bogen vom Beginn seiner Lehrzeit bis hin zu seiner Auferstehung und Himmelfahrt. Im Verlauf dieses unvergleichlichen Lebenspanoramas wird der Menschheit ein Einweihungswissen zuteil, wie es ihr noch nie offenbart worden ist. Noch vieles wäre aus den überaus ereignisreichen Wanderjahren Jesu zu berichten, allein es bleibt angesichts des knappen Raumes dieser Schrift dem Leser überlassen, sich nun seinerseits auf die Spuren Jesu zu begeben, um ihm sodann hoffentlich auch als wahrer Jünger nachzufolgen.

Neben dem ‚Großen Evangelium Johannes' ist Jakob Lorber ein weiterer Band über das Leben Jesu in die Feder diktiert worden. Das Buch ‚Die Jugend Jesu' berichtet über die wundersame Geburt und die ersten zwölf Lebensjahre des Jesusknaben. Bei diesem Werk handelt es sich um das wiederoffenbarte Jakobus-Evangelium. Dieses ursprünglich vom Herrenbruder Jakobus verfaßte Kindheitsevangelium enthielt nach einer Kundgabe des Herrn an Jakob Lorber neben der Kindheitsgeschichte Jesu und einer Lebensbeschreibung Marias auch eine Biographie Josephs. Letztere muß aber schon im Laufe der ersten beiden Jahrhunderte verlorengegangen sein, denn das überlieferte Fragment des Jakobus-Evangeliums berichtet uns lediglich von der wunderbaren Geburt Marias, ihrem Aufwachsen im Tempel und ihrer Übergabe in die Obhut Josephs, sowie von der Ermordung des Zacharias und den Vorgängen um die Geburt Jesu. Kindheits- und Jugendschilderungen Jesu fehlen gänzlich. Obwohl sich das Jakobus-Fragment in den frühen Gemeinden größter Beliebtheit erfreute, wurde es nicht in den biblischen Kanon aufgenommen, sondern dem apokryphen Schrifttum zugeordnet.

Durch den Propheten Lorber ist uns dieses herrliche Kindheitsevangelium des Jakobus wiedererstattet worden. In ihm besitzen wir eine ausführliche Schilderung der Geburt Jesu und ihrer wundersamen Begleitumstände. Vieles findet sich in diesem wiederempfangenen Bericht, was in der Bibel vollständig fehlt. So ist z.B. nicht bekannt, daß der römische Hauptmann Cornelius, der ein Bruder des Oberstatthalters Cyrenius war, die Heilige Familie in der Geburtsgrotte mit allem Nötigen versorgte und ihr auch zur Flucht vor Herodes verhalf. Es ist dies übrigens derselbe Cornelius, den wir aus der Bibel als den Obersten von Kapernaum kennen. Wir erfahren ferner, daß die Flucht nach Ägypten nicht auf dem Landwege geschah, sondern zu Wasser auf einem römischen Schiff. Cyrenius in eigener Person geleitete die Heilige Familie auf seinem Schiff nach Ostracine in Ägypten, nachdem er in dem Jesuskind den Herrn allen Seins erkannt hatte. Drei Jahre hält sich die Familie Josephs in Ägypten auf, und wir werden Zeuge, wie sich schon früh die göttliche Allmacht im Jesuskind bezeugt und eine Fülle von verwunderlichen, ja unfaßbaren Dingen wirkt. Dabei erhalten wir tiefe Einblicke in das Geheimnis der Person Jesu und erkennen im Menschensohn den ewigen Vater selbst. Die Kindheitsgeschichte schließt mit der Rückkehr nach Nazareth und berichtet noch von mancherlei Wundertaten, die der Jesusknabe zwischen dem fünften und zwölften Lebensjahr vollbrachte.

Eine Ergänzung zur Kindheitsgeschichte Jesu stellt die kleine Schrift ‚Die drei Tage im Tempel' dar. Das Lukasevangelium erzählt uns, daß sich der zwölfjährige Jesus ohne Wissen seiner Eltern drei Tage im Tempel zu Jerusalem aufhielt, dort mitten unter den Lehrern saß, ihnen zuhörte und sich mit ihnen besprach. Worüber der Jesusknabe mit den Pharisäern und Schriftgelehrten redete, berichtet uns diese kleine Neuoffenbarungsschrift.

Noch eine weitere Begebenheit aus dem Leben des Heilandes ist Jakob Lorber durch das innere Wort übermittelt worden, und zwar ‚Der Briefwechsel Jesu mit Abgarus Ukkama von Edessa'. Bischof Eusebius von Caesarea (ca. 265-338), den man auch als Vater der Kirchengeschichtsschreibung bezeichnet, erwähnt diesen Briefwechsel Jesu mit dem edessenischen Fürsten Abgarus V. in seiner zehnbändigen Kirchengeschichte und mißt ihm höchste Bedeutung zu. Mit Entschiedenheit versichert er, diesen Briefwechsel in den königlichen Archiven der Stadt Edessa (im nördlichen Mesopotamien) gefunden zu haben. Er selbst habe ihn mit Sorgfalt aus dem Syrischen ins Griechische übertragen. Eusebius fügt seinem Bericht eine Übersetzung der beiden ersten Briefe bei, so daß uns ihr Wortlaut erhalten geblieben ist. Der echte vollständige Briefwechsel ist verschollen.

Trotz dieses hervorragenden historischen Zeugnisses des Eusebius wird der Briefwechsel Jesu von den heutigen Gelehrten als Legende abgetan. Noch im 19. Jahrhundert hatten namhafte Theologen beider Konfessionen die Echtheit der Briefe verteidigt.

Durch Jakob Lorber wurde nun der vollständige Briefwechsel (7 Briefe und 7 Antwortschreiben) neu geoffenbart. Wie der Vergleich mit den geschichtlich überlieferten beiden ersten Briefen zeigt, stimmt der Lorber in die Feder diktierte deutsche Text mit dem griechischen Text des Eusebius weitgehend überein. Der Inhalt des Briefwechsels kann als ein kurzgefaßtes Evangelium betrachtet werden, in dem Jesus uns einen tiefen Einblick in die göttlichen Führungs- und Erziehungswege tun läßt. So liegt uns in dem Briefwechsel des Herrn mit dem Fürsten von Edessa ein kostbares heilsgeschichtliches Dokument aus den letzten Wochen und Monaten des Erdenlebens Jesu vor. Damit hat sich die biblische Verheißung, daß nichts von dem, was Jesus auf Erden gelehrt oder getan hat, verlorengehen würde, in vollem Umfang erfüllt.

Die zweite Themengruppe des Lorber-Schrifttums besteht aus dem dreibändigen Werk ‚Die Haushaltung Gottes' und beinhaltet die Urgeschichte der Menschheit von der Erschaffung Adams* bis zur Sintflutkatastrophe. Was uns die Bibel in den ersten zehn Kapiteln der Genesis sozusagen im Telegrammstil über die beiden vorsintflutlichen Jahrtausende menschlicher Geschichte vermittelt, das enthüllt uns die ‚Haushaltung Gottes' in einem gewaltigen Panorama von ergreifender und dramatischer Lebendigkeit. Der Leser wird Zeuge der geistig-seelischen Entwicklung des adamitischen Menschen, seiner schweren Verfehlungen und seines selbstverschuldeten Untergangs in der Katastrophe der Sintflut. Im Vordergrund dieses bewegten Geschehens stehen allezeit die beharrlichen und niemals ermüdenden Anstrengungen des himmlischen Vaters, seinen halsstarrigen Kindern den wahren Zweck und Sinn des Lebens nahezubringen und sie vor den Folgen ihres sündhaften Tuns zu bewahren. Dabei werden uns die Grundlagen und Grundbegriffe des einen und

---

* Die Existenz voradamitischer Menschen wird von Lorber bestätigt.

wahren Glaubens in ihrer ganzen Tiefe erschlossen. Darüber hinaus erhalten wir Einblick in vielerlei Geheimnisse und Ereignisse aus jener fernen Zeit, die bislang im geschichtlichen Dunkel lagen bzw. dem biblischen Text nicht entnommen werden können. So erfahren wir, wo die Wiege der Menschheit stand und erleben die Gründung der ersten ordnungsgemäßen Kirche dieser Erde. Wir sehen aber auch, wie der urzeitliche Mensch nach und nach aus der gottgefügten Lebensordnung heraustritt, die geheiligten Höhen der Urväter verläßt und in der Tiefe die Riesenstadt Hanoch gründet, die sich zur Hauptstadt des ersten Weltreiches der Menschheit entwickelt. Das Offenbarungswerk berichtet eingehend vom Aufstieg und Werdegang der ersten Stadtkulturen und von der Hochblüte der damaligen Technik und Zivilisation. Dabei wird nicht nur die allmähliche Besiedlung des asiatischen Kontinents geschildert, sondern auch die Urgeschichte des chinesischen und japanischen Volkes beschrieben. In diesem Zusammenhang werden wir auch über die Ursachen belehrt, die zur Entstehung der unterschiedlichen Menschenrassen geführt haben. Das Geheimnis des Kainsmales wird dabei ebenfalls gelüftet.

Der sittlich-moralische Verfall des hanochitischen Großreiches und sein schließlicher Untergang in der Überschwemmungkatastrophe der Sintflut bilden den dramatischen Höhepunkt dieser Neuoffenbarung. Keineswegs aber, so wird uns in der ‚Haushaltung‘ berichtet, wurde durch die große Flut die ganze Erde überschwemmt, sondern hauptsächlich nur der vorder- und mittelasiatische Raum, wobei sich die Gewässer allerdings bis nach Nordafrika und Sibirien ergossen.

Das Offenbarungswerk schließt mit einer kurzen Darstellung der Geschichte der Familie Noahs und ihrer Nachkommen bis Abraham. Dabei klärt sich auch das Mysterium um Melchisedek auf, den legendären König von Salem, der weder von Eltern geboren, noch sterblich war (vergl. Hebr.7-13).

Es hat seinen gewichtigen Grund, daß die Stimme Jesu gerade unserem Weltalter die Urgeschichte der Menschheit wiederoffenbart hat. Die Parallelen zwischen der damaligen Untergangszeit und unserer Zeitepoche sind nicht zu übersehen. Jesus prophezeite diese traurige Entsprechung schon zur Zeit seines Erdenwandels mit den Worten: „Denn wie sie waren in den Tagen vor der Sintflut – sie aßen, sie tranken, sie freiten und ließen sich freien bis an den Tag, da Noah in die Arche hineinging; und sie achteten's nicht, bis die Sintflut kam und nahm sie alle dahin –, so wird auch sein das Kommen des Menschensohnes" (Matth.24, 38-39).

Ganz wie in den Tagen Noahs haben auch die heutigen Menschen ihr ganzes Sinnen und Trachten auf die Götzen des leiblich-materiellen Wohlbehagens und des Zeitvertreibes gerichtet und darüber vergessen, wozu sie von Gott geschaffen wurden.

Eine dritte Gruppe von Lorberwerken behandelt die großen Geheimnisse der Schöpfung. Zu dieser Gruppe gehören die Bücher ‚Erde und Mond', ‚Die natürliche Sonne', ‚Der Saturn' und kleinere Schriften naturgeistigen Inhalts. Sie belehren uns über die wahre Beschaffenheit der verschiedenen Himmelskörper und das sich auf ihnen entwickelte Leben. Hier wird dem materialistischen Weltbild der Naturwissenschaften eine geistig geschaute Welterklärung gegenübergestellt, die es uns ermöglicht, das innere Wesen der Naturkräfte und aller Materie zu verstehen.

Lange bevor die Wissenschaft des 20. Jahrhunderts etwas von außergalaktischen Sternensystemen ahnt, beschreibt Lorber bereits den hierarchischen Aufbau des Universums bis hin zu den Galaxienhaufen und -superhaufen. Desgleichen macht er viele Jahrzehnte bevor die moderne Physik in den subatomaren Bereich der Materie vordringt, detaillierte Angaben über die Bausteine der Materie. Präzise beschreibt er die unvorstellbar winzige Größenordnung der Elementarteilchen, ihre extrem kurze Lebensdauer und ihre Wechselwirkungen. Da nach Lorber jedem Atom- bzw. Elementarteilchen ein Geistpartikel innewohnt, bezeichnet er sie in seiner eigenen Terminologie als „Geisterteilchen“ oder „atomistische Tierchen“. In seiner geistigen Schau stellen sie die unterste Entwicklungsstufe aller Lebewesen dar. Aus der Sicht der Neuoffenbarung gibt es keine unbelebte Materie. Alle Materie ist ihrem innersten Wesen nach geistiger Natur oder eine Umhüllung des Geistigen.

Bislang steht die empirische Wissenschaft den Aussagen der Neuoffenbarung über die geistige Natur alles Stofflichen noch ablehnend gegenüber. Es gibt aber auch vereinzelte Forscher von Rang und Namen, die sich den Aussagen der Neuoffenbarung bereits sehr stark angenähert haben. Einer von ihnen war der Nobelpreisträger und Begründer der Quantenphysik Max Planck, der sich auf einem Gelehrtenkongress in Florenz einmal wie folgt äußerte: „Als Physiker, also als Mann, der für ein ganzes Leben der nüchternen Wissenschaft, der Erforschung der Materie dient, bin ich sicher von dem Verdacht frei, für einen Schwarmgeist gehalten zu werden. Und so sage ich nach meinen Erforschungen des Atoms folgendes: Es gibt keine Materie an sich! Alle Materie entsteht und besteht nur durch eine Kraft, welche die Atomteilchen in Schwingungen bringt und sie zu dem winzigsten Sonnensystem des Atoms zusammenhält. Da es im ganzen Weltall aber weder eine intelligente noch eine ewige (abstrakte) Kraft gibt ..., so müssen wir hinter dieser Kraft bewußten intelligenten Geist annehmen. Dieser Geist ist der Urgrund aller Materie. Nicht die sichtbare, aber vergängliche Materie ist das Reale, Wahre, Wirkliche (denn die Materie bestünde, wie wir es gesehen haben, ohne diesen Geist überhaupt nicht!), sondern der unsichtbare, unsterbliche Geist ist das Wahre.“[23]

Den Kundgaben Lorbers zufolge ist das Universum ein geistiges Schöpfungsgebilde, in dem es weder tote Materie noch leblose Weltkörper gibt. So wie die Elementarteilchen die erste Stufe allen materiellen Lebens darstellen, so ist auch unsere Erde kein gigantischer toter Himmelskörper, sondern ein großer, lebendiger Organismus mit allen inneren Organen wie sie auch dem menschlichen Leibe zu eigen sind*. Wie jedes andere Lebewesen, so wird uns in dem Lorberwerk ‚Erde und Mond' berichtet, muß auch die Erde Nahrung zu sich nehmen. Dies geschieht durch den Erdmund, der sich am Nordpol befindet. Als Nahrung für den Erdkörper dienen „die dammartig um den weiten Polrand angehäuften Schnee- und Eismassen, die der Erdmund mit großer magnetischer Kraft in sich hineinzieht". Am Ende des Verdauungsprozesses „ergreift ein negativer elektrischer Strom die unverdaulichen Überreste im Magen und treibt sie durch den schraubenartig gewundenen Entleerungskanal mit großer Gewalt hindurch". „Durch den Abtrieb der Auswurfstoffe wird die Rotation des Erdkörpers bewirkt und zwar dadurch, daß diese sehr luftig aussehenden Ausscheidungen in spiraliger Richtung (am Südpol; d. Vf.) hinaus auf den freien Äther stoßen und der Erde dadurch einen Drehungsschwung geben." (EM, S.32.33)

So wie Ernährung und Rotation der Erde aufs engste miteinander zusammenhängen, so äußert sich die Atmung der Erde nach Darstellung der Neuoffenbarung durch ein rhythmisches Heben und Senken des Erdbodens. Dieser von Lorber offenbarte Sachverhalt ist inzwischen von wissenschaftlicher Seite, nach mehr als hundert Jahren, bestätigt worden. In seiner Ausgabe Nr. 17 vom April 1987 schreibt das Nachrichtenmagazin ‚Der Spiegel': „Vertraut ist der Geodäsie, der Wissenschaft von der Erdvermessung, auch ein Phänomen, gegen das sich der (selten) gesunde Menschenverstand sträubt: Mondentäglich zweimal hebt und

* Unabhängig von Jakob Lorber vertritt in unseren Tagen der Naturwissenschaftler Prof. James Lovelock in seiner weltweit bekannten Gaia-Theorie die zentrale These, daß die Erde ein riesiger lebender Organismus ist.[24]

senkt sich auch der Boden, auf dem wir stehen.“[25] Und in der ‚Neuen Illustrierten Wochenschau‘ vom 18. Jänner 1970 wird berichtet: „Ein hochempfindliches Gerät, das den ‚Atem‘ unseres Planeten hören läßt, wurde im Physikinstitut der Akademie der Wissenschaften der UdSSR entwickelt. Die Oberfläche der Erde hebt und senkt sich rhythmisch, was für die Erdbewohner unbemerkbar ist. – Städte, Staaten, ganze Kontinente erheben sich sanft. So liegt Moskau während der Flut einen halben Meter höher als während der Ebbe.“[26]

Bislang führen die Wissenschaftler das Heben und Senken der Erdkruste als auch das Gezeitenphänomen noch auf die Anziehungskräfte von Sonne und Mond zurück. Durch Lorber versichert uns die göttliche Stimme hingegen, daß sowohl Ebbe und Flut als auch das rhythmische Heben und Senken des Erdbodens einzig und allein auf das Atemholen der Erde zurückzuführen ist.

Erdrotation und Gezeitenphänomen seien hier nur exemplarisch genannt, um zu verdeutlichen, wie weit die materialistische Wissenschaft noch von der wahren Erkenntnis des inneren Aufbaus der Erde entfernt ist. Die Lorber-Expertin H. E. Sponder bemerkt hierzu: „Von größter Wichtigkeit für die Sanierung unserer Umwelt und somit auch unserer durch den Menschen so arg geschundenen Erde, ja vielleicht sogar von für die Menschheit überlebensentscheidender Bedeutung wäre ohne Zweifel eine gründliche Kenntnis der Anatomie und Physiologie unseres Planeten als Gesamt-Organismus, nach welcher Erkenntnis ein Heer von Wissenschaftlern, Spezialisten und Experten in aller Welt ja seit langem, und nun auch im Wege der Satelliten-Forschung, eifrig und ernsthaft sucht. Doch sie alle würden sich viel Zeit und Mühe ersparen und ohne Umwege an die Wahrheit herankommen können, wenn sie den Inhalt des Bandes ‚Erde und Mond‘ vollgültig zur Kenntnis nehmen würden.“[27]

Auch über andere Himmelskörper vermitteln uns die Lorber-Kundgaben verblüffende Erkenntnisse. Nur ein markantes Beispiel sei hier noch herausgegriffen. Nach der Prophetie Lorbers ist unsere Sonne kein atomarer Feuerofen, sondern ein bewohnter Himmelskörper, dessen gleißende Helligkeit zum allergrößten Teil von der hohen Reflexionseigenschaft seiner äußeren Lufthülle herrührt. Das Licht, das unsere Sonne abstrahlt, ist nichts anderes als der Widerschein von „Milliarden Sonnen, die sich auf dieser überweit gedehnten Sonnenluft-Spiegeloberfläche nahe unendlichfältig jede für sich abspiegeln" (NS, Kap.4, Abs.5). Schon der Astronom Wilhelm Herschel hat zu Beginn des vorigen Jahrhunderts die Meinung geäußert, daß die Sonnenflecken „Löcher in den feurigen äußeren Schichten der Sonne wären, durch die man ihre feste Oberfläche erblickt, auf der, wie er glaubte, fast sicher Lebewesen existierten"[28]. Eine Hypothese, die Jahrzehnte später durch die geistige Schau Lorbers vollauf bestätigt worden ist.

Mögen die prophetischen Aussagen über das innere Gefüge der Himmelskörper aus heutiger Sicht noch wenig glaubwürdig erscheinen, da ihr sensationeller Inhalt noch im Widerspruch zur derzeitigen wissenschaftlichen Weltsicht steht, so sollte aber doch zur Kenntnis genommen werden, daß die naturkundlichen Niederschriften Lorbers über den Mikro- und Makrokosmos gerade durch die Forschungsergebnisse der letzten Jahrzehnte nicht selten bis ins Detail als zutreffend bestätigt worden sind. Dabei verhielt es sich bisher so, daß sich das wissenschaftliche Weltbild zunehmend den Darstellungen Lorbers angenähert hat und nicht umgekehrt. Je tiefer der forschende Mensch in die Geheimnisse der Schöpfung eindringt, um so mehr bestätigt er den Schöpfer und diejenigen, denen er sich offenbart.

Vermitteln uns die vorstehend beschriebenen Werke einen tiefen Einblick in den naturgeistigen Aufbau der Schöpfung, so weiht uns die vierte Gruppe des Lorber-Schrifttums in die geistigen Lebensverhältnisse des Jenseits ein. Schon im ‚Großen Evangelium Johannes' finden sich zahlreiche Hinweise auf die verschiedenen Zustände und Läuterungswege in den geistigen Sphären. In den großen Jenseitswerken ‚Die geistige Sonne', ‚Bischof Martin' und ‚Von der Hölle bis zum Himmel' sowie dem kleinen Werk ‚Jenseits der Schwelle' weitet sich das Blickfeld zu einer atemberaubenden Schau jenseitiger Entwicklungsvorgänge, wie sie dem Menschengeschlecht in diesem Maße noch niemals zuteil geworden ist. Sogar die Jenseitskundgaben Swedenborgs werden noch weit übertroffen.

An konkreten Beispielen werden dem Leser die jenseitigen Schulungswege gerade verstorbener Menschen bis hin zu ihrer geistigen Vollendung geschildert. Wir sehen, wie der Mensch die Schwelle zum Jenseits überschreitet und erleben sein geistiges Erwachen. Wir sind Zeuge, wie sich drüben aus seinen Vorstellungen, Wünschen und Gefühlen eine geistige Phantasiewelt oder Sphäre bildet und sehen, wie sich ihm höhere Geister und Engel nahen, um ihn durch mancherlei herbe Erfahrungen und Schulungen aus seinen irdischen Irrtümern zu erlösen und zu läutern. Und je nach dem, ob eine Seele solchen Belehrungen folgt oder nicht, kann sie sich entweder zur höchsten Vollendung aufschwingen oder aber auch für lange, lange Zeit in höchst peinvolle Zustände geraten, aus denen sie nur dann wieder herausfindet, wenn sie, oft durch schreckliche Erlebnisse belehrt, ihr falsches Denken und Handeln erkennt und endlich doch noch umkehrt. Keinesfalls aber gibt es, wie wir der Neuoffenbarung entnehmen können, eine ‚ewige Verdammnis' im katholischen Sinne. Die Liebe, Güte und Barmherzigkeit Gottes will alle Seelen, auch die gefallenen, durch eine weisheitsvolle und langmütige Erziehungsschule ins Vaterhaus heimführen. Denn Gott „will, daß allen Menschen geholfen werde" (1.Tim.2,4) – auch im Jenseits.

Die umfangreichen Enthüllungen über das Leben nach dem Tode, wie sie uns durch Jakob Lorber kundgegeben sind, sind Gottes Antwort auf die Fülle uneinheitlicher Aussagen, Deutungen und Spekulationen über die nachirdische Existenz des Menschen. Es leuchtet ein, daß nur einer, nämlich Gott selbst, den Vorhang zu jenen ewigen Sphären lüften kann, weil er der Urgrund allen Seins selbst ist. Darüberhinaus sind die Jenseitsbotschaften Lorbers Gottes Antwort an eine Welt, die sich zunehmend der Diesseitigkeit und dem Materialismus verschrieben hat und mehr denn je im Begriff steht, ihren Schöpfer gänzlich zu vergessen. So soll der Mensch daran erinnert werden, daß dieses kurze Erdenleben nicht das wahre Leben ist, sondern nur eine Bewährungsprobe für eine zukünftige Welt.

Mit den umfangreichen Offenbarungen vorallem der neuzeitlichen Prophetie haben sich die biblischen Weissagungen über die vollständige Wiedergabe und Entsiegelung aller von Gott dem Menschen seit Adam gegebenen Lehren im Vollmaß erfüllt. Aus den vielen Teilenthüllungen dieser neuen großen Licht- und Lebenslehre wird sich nach den Worten Jesu durch Jakob Lorber das neue und wahre Jerusalem formen, das aus den Himmeln zu den Menschen herniedergekommen ist (GEJ 7; 54,5). Die gläubige Annahme dieser neuen Himmelslehren allein macht uns aber noch nicht zu Bürgern der neuen Gottesstadt, sondern nur das Handeln danach. Denn die zwölf Eingangstore des neuen Jerusalem sind hinfort nicht mehr die zwölf Stämme Israels, sondern die zehn Gebote Moses sowie das Doppelgebot der Gottes- und Nächstenliebe und deren tätige Befolgung. Aus dem Munde Jesu hören wir dazu folgende bedeutsame Verheißung: „Nur wer diese Meine Gebote halten wird, der wird auch in diese Stadt eingehen, und es wird ihm Licht und Leben gegeben werden; wer aber die Gebote nicht halten wird, der wird in diese neue Stadt auch nicht gelangen“ (GEJ 7; 54,9). „Diese zwölf Gebote sind für den Menschen sonach nicht nur die Eingangstore zum Licht und zum Leben, sondern sie sind auch dessen unzerstörbarer Schutz und Schirm, den die Pforten und Mächte der Hölle oder das materielle Welttum nimmer zerstören und besiegen können" (GEJ 7; 54,10). „Und Ich sage euch denn nun allen, daß ihr euch eben durch genaue Haltung der Gebote vor allem bestreben sollet, schon hier auf Erden also vollkommen zu werden, wie der Vater im Himmel vollkommen ist, so werdet ihr auch das und noch Größeres zu tun imstande sein als Ich Selbst nun. Und werdet ihr euch in diesem Zustande befinden, dann werdet auch ihr schon zum voraus Bürger des neuen Jerusalem sein" (GEJ 7; 54,13). „Und die in der neuen Lehre sein und leben werden, die werden wandeln im neuen Jerusalem und werden darin wohnen ewig, und ihrer Seligkeiten über Seligkeiten wird ohne Maß und Ziel nimmer ein Ende sein. Denn Ich Selbst werde bei ihnen sein, und sie werden schauen alle die zahllosen Herrlichkeiten Meiner Liebe, Weisheit und Allmacht" (GEJ 7; 54,5).

Zum Abschluß dieses Kapitels sei noch vermerkt, daß das Neuoffenbarungsgeschehen mit der Prophetie Jakob Lorbers keineswegs sein Ende, sondern nur seinen einstweiligen Höhepunkt gefunden hat. Die Prophetie als Kundgebung des Geistes Gottes wird ewig fortbestehen, solange es Menschen auf dieser Erde gibt. Dies bekräftigt Jesus selbst: „Ihr wisset es, daß es nun ebenso wie zu allen Zeiten Propheten gibt, und es wird deren also auch allzeit geben bis ans Ende der Welt bei allen Völkern der Erde, welches Glaubens sie auch sein mögen. Denn durch die Propheten allein wird, wenn auch schon alle Stricke zwischen Himmel und Erde zerrissen sind, noch ein geheimes Band fest erhalten, das keine finstere Macht zu zerstören vermag" (GEJ 1; 141,1).

Auch nach dem Heimgang Lorbers hat sich die göttliche Stimme in vernehmlicher Weise durch vielerlei Menschen kundgetan. Neben dem schon erwähnten Leopold Engel, der das ‚Große Evangelium Johannes' vollendet hat, seien an dieser Stelle nur noch Gottfried Mayerhofer (gest. 1877) und Max Seltmann (gest. 1972) erwähnt. Die durch das innere Wort empfangenen Diktate Mayerhofers können ebenfalls als Fortführung des Lorberwerkes betrachtet werden. Sie eröffnen dem Leser verborgene Geheimnisse der göttlichen Lebens- und Schöpfungsordnung und führen ihn tiefer in den inneren geistigen Sinn des Evangeliumswortes ein. Max Seltmann wurden darüberhinaus ergänzende Szenen aus dem Leben Jesu und die wichtigsten Ereignisse aus seinem Jüngerkreis bis hin zum Tod des Evangelisten Johannes offenbart. Die Bezugsquellen der hier genannten Neuoffenbarungen können dem Anhang entnommen werden.

Im folgenden zweiten Teil dieses Buches sollen nun die Hauptpunkte der Neuoffenbarung Jesu, wie sie uns durch Jakob Lorber kundgegeben wurde, näher dargelegt werden. Sie beinhalten sowohl jene tiefgeistigen Enthüllungen, die der Weltenheiland seinen damaligen Jüngern im geheimen gab, als auch die angekündigte Einweihung in neue Glaubenserkenntnisse und Weltzusammenhänge, also jene Ausweitung der Evangelienlehre, die die ersten Jünger nach Jesu eigenen Worten noch nicht hätten „tragen können". Erst die volle Aufschließung des göttlichen Schöpfungs- und Heilsplanes und die umfassende Darstellung der Seelenentwicklungslehre vermögen den innersten Sinn des Evangeliums in seiner ganzen Tiefe begreiflich zu machen und die Kluft zwischen christlicher und wissenschaftlicher Weltsicht zu schließen.

TEIL 2

Wer Jesus wirklich ist

In den Kirchen des katholischen, orthodoxen und evangelischen Bekenntnisses gilt der zentrale Lehrsatz von einem dreieinigen Gott, der in drei Personen als Vater, Sohn und Heiliger Geist eine Einheit darstellt. Obgleich die kirchliche Lehre von der Dreieinigkeit Gottes in der Regel stets monotheistisch interpretiert worden ist, so bleibt doch ein Unbehagen, was den Begriff der Dreipersönlichkeit anbetrifft. Man fragt sich, wie können drei Personen, die jede für sich Ewigkeit und Allmacht beanspruchen, ein Gott sein? Zu verstehen ist dies nicht, zumal es ein Widerspruch in sich selbst ist. Denn drei göttliche Personen ergeben drei Götter, auch wenn sie eines Wesens miteinander sind. Drei ist nicht eins, und eins ist nicht drei. Kein Wunder also, daß in der Geschichte des Christentums immer wieder Stimmen laut wurden, die das Trinitätsdogma als Mißdeutung der Heiligen Schrift anprangerten. Tatsächlich geht die Formulierung der Dreipersonenlehre auf das Konzil von Nicäa im Jahre 325 zurück. Sie ist das Ergebnis langandauernder Streitigkeiten um das Wesen Jesu und seines Verhältnisses zu Gott. Aus der Bibel läßt sich das widersprüchliche Dreifaltigkeitsdogma nicht ableiten. Wir finden dort weder die Worte Dreieinigkeit oder Dreifaltigkeit, noch die Lehre, daß das Wesen Gottes aus drei Personen besteht. Auch wird Gott in der Bibel nirgends ‚Person' genannt.

Bei Adolf von Harnack finden wir den wichtigen Hinweis, daß die Auffassung von der Dreipersonalität Gottes im frühen Christentum heftig umstritten war. Er schreibt: „Das ganze 2. Jahrhundert hindurch, ja bis gegen die Mitte des 3. Jahrhunderts hat in der Christenheit ein latenter, hier und dort aber kräftig hervorbrechender Kampf bestanden zwischen dem überlieferten Glaubenssatz ‚Vater, Sohn und Geist' (hier wurde die Gottheit zweipersönlich verstanden) und dem anderen überlieferten Glaubenssatz (Christus unser Gott, *der* Gott). Bei dem zweiten handelte es sich aber nicht um einen Christuskultus *neben* der Verehrung des Vater-Pantokrator (Allbeherrscher, d.Vf.), sondern Christus selbst galt als der Gott-Vater-Pantokrator. Es hat bis in das 3. Jahrhundert hinein eine verbreitete und entschlossene Glaubensanschauung gegeben, die sich in der Gottesfrage ganz auf den im Fleisch erschienenen Jesus Christus stellte und jede Spekulation über das Verhältnis Gottes und Christi mit dem Satze abschnitt: Jesus Christus ist selbst der alleinige Gott-Pantokrator."[29]

Das Alte Testament lehrt unmißverständlich, daß nur ein Gott ist, der ewig und unwandelbar ist. „Ich bin der Herr, und sonst keiner mehr, kein Gott ist außer mir" (Jes.45,5). „Vor mir ist kein Gott gemacht, so wird auch nach mir keiner sein" (Jes.43,10). „Ich bin der Herr, der alles schafft, der den Himmel ausbreitet allein und die Erde festmacht ohne Gehilfen" (Jes.43,11). „Ich bin der Herr, dein Gott, und du sollst keinen andern Gott kennen als mich und keinen Heiland als allein mich" (Hos.13,4).

An diesem klaren Zeugnis gibt es nichts zu deuteln. Jehova Zebaoth ist ein einziger Gott. Er ist der alleinige Schöpfer Himmels und der Erden und hat sein Werk ohne Mitgötter vollbracht. Er allein ist der Heiland der Welt. Keiner war je außer ihm oder kommt nach ihm – also auch keine zweite Person, die ebenfalls Gott oder Heiland ist! Und wenn Jehova-Gott betont: „Ich, der Herr, wandle mich nicht" (Mal.3,6), so schließt das aus, daß aus dem einen Gott ein dreipersönlicher Gott werden kann. Es stellt sich die Frage, wieso der einheitliche Gottesbegriff des Alten Testaments im Christentum zu einer unbiblischen Dreipersonenlehre entarten konnte? Der Grund hierfür ist zweifellos in dem unerhörten Anspruch zu suchen, den Jesus erhob. Jesus äußerte sich in einer Weise, wie nur ein Gott von sich sprechen kann. So sagte er z.B.: „Siehe, ich bin bei euch alle Tage bis an der Welt Ende" (Matth.28,20). Oder: „Wahrlich, wahrlich, ich sage euch: Ehe denn Abraham ward, bin ich“ (Joh.8,58). Mit diesen Worten bezeugte Jesus seine Allgegenwart in Vergangenheit und Zukunft, wie es nur dem ewigen, unveränderlichen Wesen Gottes möglich ist. Jesus redete nicht in der Weise der Propheten, sondern er verkündete seine Lehre aus eigener göttlicher Vollmacht, in der Ichform: „Ich aber sage euch ...“ (Matth.5,32). „Ich bin das Licht der Welt“ (Joh.8, 12). „Ich bin die Auferstehung und das Leben“ (Joh.11,25). „Ich bin das lebendige Brot, vom Himmel gekommen. Wer von diesem Brot essen wird, der wird leben in Ewigkeit“ (Joh.6, 51). Mit Recht berichteten die Häscher des Tempels: „Es hat nie ein Mensch so geredet wie dieser Mensch“ (Joh. 7,46).

Nur ein Mensch, der rein göttlicher Natur war, konnte sich anmaßen, so zu sprechen, wie Jesus es tat. Aber Jesus ging noch einen entscheidenden Schritt weiter. Er sagte: „Wer mich sieht, der sieht den, der mich gesandt hat“ (Joh.12,45). „Ich und der Vater sind eins“ (Joh.10,30). „Wenn ihr mich kenntet, so kenntet ihr auch meinen Vater. Und von nun an kennet ihr ihn und habt ihn gesehen“ (Joh.14,7). „Wer mich sieht, der sieht den Vater“ (Joh.14,9). Was Jesus mit diesen Worten kundgibt, geht weit über die Beanspruchung göttlicher Allmacht hinaus. Klar und unmißverständlich gibt er zu verstehen, daß er der bis dahin unschaubare und ewige Gott Jehova selbst ist!

So gewaltig die Offenbarung ist, die uns die Bibel hier über die Person Jesu macht, die Kirche hat die grundlegende Bedeutung dieses fundamentalen Selbstzeugnisses Jesu nie richtig einzuordnen gewußt. Sie hat sich davon beirren lassen, daß das Neue Testament Jesus auch als Sohn, Menschensohn und Sohn Gottes bezeichnet. Sie vermochte die Tatsache, daß Jesus des öfteren von seinem Vater sprach und diesen auch im Gebet anrief, nicht mit dem einheitlichen Gottesbegriff des Alten Testaments in Einklang zu bringen. Den prophetischen Geist, der allein den inneren Sinn der scheinbar so widersprüchlichen Äußerungen Jesu hätte entschlüsseln können, hatte man aus der Kirche verbannt. So nagte man an der äußeren Schale des biblischen Wortes und konstruierte ein Dogma, das unzutreffend und biblisch nicht haltbar ist.

Durch seinen Schreibknecht Lorber hat der Herr nun berichtigt, was so viele Jahrhunderte falsch aufgefaßt worden ist. Im ‚Großen Evangelium Johannes' belehrt Jesus seine Jünger über seine Eigenschaft als Sohn. Er weilt mit ihnen gerade in der Herberge des Lazarus auf dem Ölberg: „Ich bin, als nun ein Mensch im Fleische vor euch, der Sohn und bin niemals von einem andern als nur von Mir Selbst gezeugt worden und bin eben darum Mein höchst eigener Vater von Ewigkeit. Wo anders könnte da der Vater sein als nur im Sohne, und wo anders der Sohn als nur im Vater, also nur ein Gott und Vater in *einer* Person?

Dieser Mein Leib ist sonach die verherrlichte Gestalt des Vaters der Menschen und Engel wegen, damit Ich ihnen ein begreiflicher und schaubarer Gott bin, und ihr könnet Mich nun schauen, hören und sprechen und doch leben dabei; denn ehedem hieß es, daß Gott niemand sehen und dabei leben könne. Ich bin denn nun durchgängig Gott; in Mir ist der Vater, und die von Mir nach Meiner Liebe, Weisheit und nach Meinem allmächtigen Willen ausgehende Kraft, die den ewig endlosen Raum allenthalben erfüllt und auch überall wirkt, ist der Heilige Geist.

Ich, wie ihr Mich nun als Gottmenschen unter euch sehet, bin mit Meiner ganzen Urzentralwesenheit sicher vollkommen und ungeteilt unter euch hier in diesem Speisesaale auf dem Ölberg und befinde Mich darum als ein wahrster Gott und Mensch zugleich nirgends anderswo ...; aber durch die von Mir ausgehende Kraft, die da ist der Heilige Geist, erfülle Ich wirkend dennoch alle Himmel und den irdisch materiellen und endlosen Raum. Ich sehe da alles vom Größten bis zum Kleinsten, kenne alles, weiß um alles, verordne alles und schaffe, leite und regiere alles" (GEJ 8; 27,2-4).

Jesus macht seinen Jüngern überdies klar, daß drei göttliche Personen nebeneinander niemals einzeln für sich Unendlichkeit und Ewigkeit beanspruchen könnten. Er sagt: „Aber *die* Macht hat die endlose Herrlichkeit Gottes nicht und kann sie unmöglich haben, andere, Ihr völlig gleiche Gottheiten außer sich zu schaffen; denn könnte Sie das, so müßte Sie außerhalb des einen unendlichen Raumes auch noch mehrere ebenso unendliche Räume erschaffen können, was wohl sicher jeder nur ein wenig helldenkende Mensch schon von ferne für einen allerbarsten Unsinn ansehen und anerkennen muß. Denn wenn der *eine* Raum nach allen denkbaren Richtungen hin unendlich ist, wo sollte dann ein zweiter ebenso unendlicher Raum seinen Anfang nehmen?! Ein zweiter vollkommener Gott mit der vollsten unendlichen Herrlichkeit ist demnach ebensowenig denkbar wie ein zweiter unendlicher Raum, und ihr könnet daraus nun klar ersehen, daß Ich als nun euch gleich auch ein Menschensohn im Fleische wandelnd kein zweiter, sondern nur ein und derselbe Gott bin, der Ich vor aller Kreatur von Ewigkeit her war und also auch bleiben werde in alle Ewigkeit ... Allein Ich, Christus, bin der einzige Gott!" (GEJ 8; 26,2-3.6)

Jesus Christus ist niemand anders als Jehova selbst, der einpersönliche Gott. Das ist das offenbarte Geheimnis des Wesens Jesu und eine zentrale Botschaft der Neuoffenbarung. Doch die Bibel hat nie etwas anderes bezeugt als eben diese grundlegende Wahrheit.

Jetzt, da wir das Geheimnis Jesu kennen, können wir eine Reihe biblischer Textstellen, die uns unter dem Aspekt der trinitarischen Wesensgleichheit widersprüchlich erschienen, besser verstehen. Zwei Beispiele sollen dies verdeutlichen: Wenn Jehova von sich sagt: „Ich bin der Erste und der Letzte" (Jes.44,6) und der erhöhte Christus diesen Anspruch gleichermaßen für sich erhebt (vergl. Offb.22,13), so ist dies nach der Dreipersonenlehre ein unlösbarer Widerspruch. Erst die Erkenntnis, daß Jesus Jehova selbst ist, stellt beide Aussagen in einen logischen Zusammenhang. Ein zweites Beispiel: Um seiner zeitlosen Allgegenwart Ausdruck zu geben, sprach Jesus, wie eingangs schon erwähnt: „Ehe denn Abraham ward, bin ich“ (Joh.8,58). Abraham lebte etwa zu Beginn des zweiten Jahrtausends v.Chr. Im 6. Jahrhundert v.Chr., also über tausend Jahre später, läßt Jehova-Gott durch seinen Propheten Deuterojesaja verkünden: „Ich bin der Herr, und außer mir ist kein Heiland“ (43,11). Obwohl der alttestamentliche Gott zu dieser Zeit längst von einem Heiland Jesus Christus Kenntnis hätte haben müssen, weiß er nichts von einem solchen! Ein gravierender Widerspruch, der sich nur dann auflöst, wenn wir erkennen, daß mit Jesus der „Ewig-Vater“ selbst diese Erde betreten hat (Jes.9,5).

Mancher mag jetzt mit Recht einwenden, daß es im Neuen Testament doch aber an mehreren Stellen heißt, Jesus sitze zur Rechten Gottes. Deutet dies nicht darauf hin, daß Gott und Jesus zwei wohlunterscheidbare göttliche Personen sind?

Die Neuoffenbarung erläutert uns diese scheinbar widersprüchliche Ausdrucksweise anhand des 110. Psalmes Davids, wo es im 1.Vers heißt: „Der Herr sprach zu meinem Herrn: Setze dich zu meiner Rechten, bis ich deine Feinde zum Schemel deiner Füße mache.“ Genausowenig wie David mit dieser Formulierung zwei Herren bzw. zwei Götter meint, genausowenig bezeichnen die Briefeschreiber des Neuen Testaments mit der Ausdrucksweise „... zur Rechten Gottes“ eine Zweipersonalität des göttlichen Wesens. In einem Streitgespräch mit einigen Pharisäern erklärt uns Jesus, was wir unter dieser symbolischen Redewendung zu verstehen haben: „Wenn ihr als sein wollende Schriftgelehrte die alte Redeweise der Hebräer nicht verstehet, wie wollet ihr dann erst ihren Geist verstehen?

Der Herr, also Jehova, wird doch etwa auch ein Herr Davids, also auch sein Herr gewesen sein? Und David hat sonach auch nicht gefehlt, so er gesagt hat: ‚Mein Herr sprach zu meinem Herrn.' Wenn er aber also geredet hat, so ist es ja doch klar, daß die nur durch die Wortfügung scheinbaren zwei Herren im Grunde nur ein und derselbe Herr sind! Oder saget ihr nicht selbst: ‚Mein Geist sprach zum Verstande meiner Seele?' Ist denn der Geist eines Menschen nicht in seiner Seele wohnend und somit eins mit der Seele, obschon er als die eigentliche Lebenskraft in der Seele edler und vollkommener ist als die substantielle Seele in und für sich selbst?

In Gott aber befinden sich auch unterscheidbar zwei Wesenhaftigkeiten, obschon sie Sein Urgrundsein und sonach Sein unteilbares Eine Ursein ausmachen.

Die eine unterscheidbare Wesenhaftigkeit ist die Liebe als die ewige Lebensflamme in Gott, und die andere unterscheidbare Wesenhaftigkeit aber ist als Folge der allerhellsten Lebensflamme das Licht oder die Weisheit in Gott.

Wenn aber also und unwiderlegbar nicht anders, ist da die Liebe in Gott nicht ganz dieselbe Herrlichkeit in Gott wie Seine Weisheit? Wenn aber David sagte: ‚Der Herr sprach zu meinem Herrn', so hat er damit nur das gesagt, daß die erbarmungsvollste Liebe in Gott in alle ihre Weisheit drang und zu ihr sagte: ‚Setze Dich zu Meiner Rechten, werde Wort und Wesen, werde Eins mit aller Meiner Lebensmacht, und alles, was des Lichtes Feind ist, muß sich dann beugen vor der Liebelebensmacht in ihrem Lichte!'

Was aber David im Geiste aussagte, das steht nun verkörpert wunderbar vor eurem Gesichte! Warum aber verschließet ihr eure Augen und wollet nicht innewerden, daß die große Verheißung nun erfüllt vor euch steht und redet und euch lehrt die Wege des wahren Lebens aus und in Gott?" (GEJ 7; 198,12-18)

Es stellt sich nun die Frage: Warum hat sich der fleischgewordene ewige Gott in Jesus *Sohn* nennen lassen und nicht Vater? Der inzwischen verstorbene katholische Geistliche Otto Feuerstein, ein Kenner der Prophetie Jakob Lorbers, hat diese Frage auf eine sehr anschauliche und verständliche Weise beantwortet. Er stützt sich dabei auf eine Kundgabe des Herrn aus dem Lorberwerk ‚Himmelsgaben' (Bd.2, S.66) und sei nachfolgend zitiert: „Nehmen wir das Gleichnis von der Flamme und vom Lichte. Eine Flamme kann sich nicht anders zeigen denn als Licht. Das Licht, der Sohn der Flamme, aber ist nichts anderes als die leuchtende Flamme selbst. Ein anderes Beispiel: Ein Gedanke, sobald er sich zeigt (äußert, offenbart), ist Wort. Im Wort zeigt sich der Gedanke. Der Gedanke, der Vater des Wortes, äußert sich im Sohn, im Wort. Gerade so, wie die Flamme sich nur äußern kann in ihrem Sohn, dem Licht, und der Gedanke in seinem Sohn, dem Wort, so kann auch Gott sich nur offenbaren als Sohn. Gott, sobald er sich offenbart, ist Sohn, geradeso wie die Flamme und der Gedanke, sobald sie sich offenbaren, ihr Sohn (Licht und Wort) sind. Gott offenbart sich als Sohn, als Licht, Weisheit, Wort, Logos, Jehova. Dieser Sohn Gottes ist aber niemand anders als der sich offenbarende Vater selbst. Wie das Wort ganz und gar den Gedanken in sich enthält, und umgekehrt der Gedanke das Wort, so enthält der Sohn ganz und gar den Vater und der Vater den Sohn. Und deswegen hat Jesus von sich selbst gesagt: ‚Ich und der Vater sind eins' (Joh.10,30). ‚Ich bin im Vater und der Vater ist in mir' (Joh.14,10). Und deswegen wird Jesus Christus in der hl. Schrift das Wort Gottes, das Licht und die Weisheit Gottes genannt." [30]

Auf der Grundlage dieser Erläuterung erscheint nun manches Jesuswort, das mit der Auffassung von der trinitarischen Wesensgleichheit unvereinbar war, in einem anderen Licht, wie z.B. die Äußerung: „Denn der Vater ist größer als ich" (Joh.14,28). Lorber erhält dazu folgende Antwort vom Herrn: „Das Wort wäre ja ohne den Vater oder den vorhergehenden Gedanken eine allerbarste Unmöglichkeit! Also ist der Vater als der ewige Zeuger des Wortes mehr als das gezeugte Wort. Wenn aber das Wort gezeuget ist, dann ist es ja doch völlig identisch mit dem Vater“ (Hi 2; S.66). Auch die folgende Textstelle wird nun verständlich: „Denselben Tag aber oder die Stunde weiß niemand, weder die Engel im Himmel noch der Sohn, sondern nur der Vater“ (Mark.13,32). Sie wird vom Herrn wie folgt erläutert: „Und so ihr dies alles verstehet, da meine Ich, es dürfte da wohl fast unnötig sein, euch noch ferner zu erhellen, warum (bei Markus 13,32) niemand vom kommenden Tage und der Stunde des kommenden großen Gerichts über die ganze Erde, im Geiste genommen, etwas weiß, außer allein der Vater – und nicht auch ‚der Sohn‘. So ihr nur ein Senfkörnlein groß Verstandes im Herzen (nicht im Gehirne des Kopfes) besitzet, da müsset ihr ja doch auf der Stelle einsehen, daß durch das Wort wohl die Wissenschaft des Gedankens sich kundgibt – aber ist darum das Wort die Wissenschaft selbst? – Daher kann solches wie alles andere ja doch nur der Vater wissen, nicht aber der Sohn, der da gleichsam ist die Zunge im Munde des Vaters“ (Hi 2; S.66).

Wir dürfen auch sagen: Der Sohn, das ist das Fleischlich-Menschliche an Jesus, also Seele und Leib, während sein innewohnender Geist die ewige und ungeschaffene Gottheit selbst ist. Daß in der Person Jesu das Göttliche und Menschliche vereint war, macht auch die folgende Antwort deutlich, die Jesus einstmals einem Wirt aus Jesaira gab, der ihn nach dem weiteren Ablauf des Tages fragte: „Es liegt zwar nicht immer in Meiner Ordnung, im voraus zu bestimmen, was Ich tun werde; denn das kommt alles auf Den an, der in Mir wohnt, und Ich, als nun auch nur ein Mensch mit Fleisch und Blut und einer unsterblichen Seele, muß horchen auf diesen Geist in Mir. So Er zu Mir sagt: ‚Gehe dort und da hin, und tue dies und dies!‘, dann erst weiß es auch Mein Fleisch und Mein Blut“ (GEJ 9; 146,3).

Um den Zweck von Gottes Menschwerdung zu verstehen, ist es unerläßlich zu wissen, daß in Jesus zwar „die Fülle der Gottheit leibhaftig wohnt“, er aber seinem Leib und seiner Seele nach wie ein jeder Mensch war. Nur so konnte er seine

Kinder persönlich über den Weg zum ewigen Leben belehren und ihnen durch sein eigenes Beispiel vorleben, was ein jeder Mensch nach der göttlichen Ordnung tun muß, um seiner menschlichen Schwächen ledig zu werden und sein ganzes Wesen dem Willen Gottes zu unterwerfen.

„Dadurch, daß Er Seinen natürlichen Willen als Mensch dem Willen Seines Geistes unterwarf“, erläutert Pfarrer Feuerstein, „und alle Leidenschaften und Schwächen von Seele und Leib und alle Versuchungen, die von außen an ihn herantraten, beharrlich bekämpfte ... hat Gott als Jesus von Seiner Kindheit an bis Er Sein Haupt neigte und starb ein Beispiel gegeben, wie jeder Mensch kämpfen und ringen, beten, leiden, lieben und Opfer bringen kann und soll, um zum Ziele eines jeden Menschenlebens zu gelangen, zur Ähnlichwerdung seines Charakters mit dem Charakter Gottes ...“[31]

Erst wenn uns klar geworden ist, daß auch der Gottmensch Jesus die gottwidrigen Neigungen des Fleisches und der Seele durch Kampf, Selbstverleugnung, Entsagung und tiefste Demütigung im Leiden besiegen mußte, um seine Seele für ewig mit seinem göttlichen Urwesen zu vereinen, können wir verstehen, warum Jesus betete. Im ‚Großen Evangelium Johannes‘ wird uns darüber von einem erleuchteten Manne namens Mathael folgender Aufschluß gegeben: „O ihr Blinden alle, wie ihr hier seid ... Trägt Er hier auf Erden nicht, gleich wie wir alle, Fleisch und Blut, aus dem Seine Seele wie die unsrige sich entwickelt hat, um fähig zu sein, in den Vollverband mit dem ewigen, grundgöttlichen Geiste zu treten? Nur der Geist in Ihm ist Gott, alles andere ist Mensch, wie wir da Menschen sind. So Er betet, so heißt das mit anderen Worten: Er läßt Seinen Menschen ganz durchdringen von Seinem urewigsten Grundgeiste Gott, von dem alle andern Geister ebenso herrühren wie das kleine Abbild der Sonne in einem Tautropfen von der wirklichen Sonne. Er ist Seinem Geiste nach die wirkliche Sonne, wir und alle Geister aber sind nur lebendige Abbilder von dieser ewigen Urgrundsonne Gott. –

Verstehet ihr nun wohl, was es heißt, so Er sagt, daß Er bete?" (GEJ 3; 121,2-5)

„Gott ist in Jesus ganz und in jeder Beziehung Mensch geworden", schreibt Otto Feuerstein, „mit denselben Fähigkeiten, versucht zu werden und Schmerzen zu leiden, wie wir es sind, und ist statt den Weg der Selbstsucht den Weg der Demut, Reinheit, Liebe, des Gebetes und der Selbstverleugnung gegangen, hat alle mißlichen Verhältnisse, die Menschen begegnen können, selbst durchgemacht unter Opfern und Kämpfen und hat gegen alle Leidenschaften, die den Menschen vom Kindes- bis zum Mannesalter versuchen, sich gewehrt und sie besiegt, damit kein Mensch und kein Engel sagen könne: Gebote geben und Tugenden von den von Anfang an zur Sünde geneigten Menschen verlangen ist leicht, selbst tun, selbst kämpfen, ist schwer! Darum machte Gott in Jesus unser ganzes menschliches Leben mit allen Leidenschaften und Leiden vom Proletarierkind bis zum Gefühl der Gottverlassenheit am Kreuze durch, um schließlich sagen zu können: ‚Ich habe euch ein Beispiel gegeben, damit auch ihr so tuet, wie ich getan habe' (Joh.13,15). ‚Wer mein Jünger sein will, der folge mir nach' (Matth.16,24)."[32]

Mit dem Kreuzestod sind das menschliche und das göttliche Wesen Jesu vollständig und für ewig untrennbar eins geworden. „Der leibliche Tod Jesu ist", wie uns der Herr in seiner Vorrede zum Lorberwerk ‚Die Jugend Jesu' kundgibt, „die tiefste Herablassung der Gottheit in das Gericht aller Materie und somit die eben dadurch mögliche vollends neue Schaffung der Verhältnisse zwischen Schöpfer und Geschöpf ... Durch den Tod Jesu kann nun der Mensch vollends mit Gott fraternisieren*, und dem Satan ist da kein Zwischentritt mehr möglich; darum es auch im Worte zu den grabbesuchenden Weibern heißt: ‚Gehet hin und saget es Meinen *Brüdern!'* – Des Satans Walten in der äußeren Form mag

* wie ein Bruder verkehren.

wohl stets noch bemerkbar sein, aber den einmal zerrissenen Vorhang zwischen der Gottheit und den Menschen kann er ewig nicht mehr errichten und so die alte unübersteigbare Kluft zwischen Gott und den Menschen von neuem wiederherstellen.“ (JJ, Vorrede Kap. 3)

Die Männer des Alten und Neuen Testamentes haben nie einen Zweifel daran gelassen, daß in der Person des Messias der Herr der Heerscharen selbst diese Erde betreten würde bzw. hat. Schon Jesaja bekundet, daß der angekündigte Erlöser Immanuel (7,14) niemand anders sein würde als Jehova selbst (8,10). Und auch Jeremia schreibt: „Siehe, es kommt die Zeit, spricht Jehova, daß ich dem David einen gerechten Sproß erwecken will ... Und dies wird sein Name sein, mit dem man ihn nennen wird: Jehova unsere Gerechtigkeit“ (23,5-6). „Christus ist Gott über alles“, bezeugt der Apostel Paulus (Rö.9,5). „Mein Herr und mein Gott“, rief der ungläubige Thomas beim Anblick des Auferstandenen (Joh.20,28). Und der Apostel Johannes schreibt: „Jesus Christus ist der wahrhaftige Gott und das ewige Leben“ (1.Joh.5,20).

Nach all diesen Enthüllungen und Zeugnissen begreifen wir, warum Jesus Gewalt über die Naturelemente und Dämonen, warum er Macht über Krankheiten und über den Tod gehabt hat. Wir begreifen jetzt auch, warum er von einer Jungfrau geboren werden konnte, und warum er imstande war, aus eigener Kraft vom Tode zu erstehen. Wir verwundern uns nicht mehr darüber, daß er Dinge gesagt hat, die vor ihm kein Mensch ausgesprochen hat, und daß er mit keinem Menschen vergleichbar war. „Niemals brauchte er eine Niederlage zuzugeben, eine Aussage zurückzunehmen, sich zu entschuldigen, seine Lehre abzuändern, eine Sünde zu bekennen oder einen Fehler einzugestehen oder um Rat zu fragen. Er verlor nie seine Geduld und sprach nie unbesonnen. Nie konnte ein gegenteiliges Argument vor ihm bestehen.“[33]

Dieses alles war allein nur Gott möglich. Und sein Name

ist Jesus Jehova (Hi 2; S.26)! Er ist der Vater, der Sohn und der Heilige Geist in einer Person.

Jetzt ist sonnenklar, warum der einfache Zimmermannssohn aus Nazareth, der weder eine antike Gelehrtenschule besucht hatte, noch irgend etwas auf Erden sein eigen nannte, zur einflußreichsten Persönlichkeit der Weltgeschichte geworden ist.

Durch seine Wiederkunft im Wort der neuen Prophetie hat Jesus Jehova selbst das Mysterium seines Wesens entschleiert und die falsche Vorstellung von einer Dreipersonalität Gottes zurechtgerückt. Damit ist in wunderbarer Weise auch der Weg geebnet, daß nun auch das jüdische Volk in Jesus den langersehnten Messias erkennen kann.

Die Erde – Hochschule der Gotteskinder

Das Erlösungswerk Jesu läßt sich in seiner ganzen Tiefe nur dann verstehen, wenn man den Grund dafür kennt, warum Gott gerade auf unserem kleinen Planeten Erde Mensch geworden ist und nicht auf einem anderen Himmelskörper im weiten Universum. Eng verbunden damit ist die Frage nach dem Sinn der menschlichen Existenz und dem Zweck und Ziel der kosmischen Schöpfung überhaupt. Die Bibel vermag uns auf diese elementaren Grundfragen des Lebens keine erschöpfende und abschließende Antwort zu geben.

Erst die Kenntnis von den Ursachen, die zur Entstehung des Universums führten, ermöglicht uns die Beantwortung der Frage nach dem Woher und Wohin des kosmischen Seins und dem Ziel der Menschheitsgeschichte. Aus eigener Anstrengung ist der Mensch freilich nicht in der Lage, die großen Fragen nach dem letzten Sinn und Zweck allen Seins zu beantworten, zumal die Weltmodelle der Naturwissenschaften jegliche Sinnhaftigkeit und Zielstrebigkeit des kosmischen Geschehens von vornherein ausschließen. Wir sind also auf Offenbarung angewiesen, wenn wir uns unumstößliche Gewißheit über die letzten Fragen unserer menschlichen Existenz verschaffen wollen. Wer anders als der ewige Gott selbst könnte uns auch eine letztgültige Antwort auf die Frage nach der Entstehung des Weltalls und dem Ziel der materiellen Schöpfung geben?

Mit den prophetischen Schriften Jakob Lorbers ist dem Menschen nun erstmals der Heils- und Schöpfungsplan Gottes in seiner ganzen Dimension erschlossen worden. Wir werden dabei zurückversetzt in ein fernes Weltenalter, das der Entstehung der sichtbaren stofflichen Schöpfung weit vorausging. Bei manchen mögen die Offenbarungen über die geistige Urschöpfung den Eindruck erwecken, als seien sie dem Bereich der Mythologie entlehnt, doch dem ist keineswegs so. Wir werden erkennen, daß die nachfolgenden Ausführungen über den Urkosmos und den Engelssturz ganz und gar auf biblischem Boden stehen und überdies unerläßlich für das Verständnis des Rettungsplanes Gottes sind.

Nach den Kundgaben Lorbers vollzieht sich das Schaffen Gottes in unzähligen, ungeheuer langen, durch Ruhezeiten voneinander geschiedenen Schöpfungsperioden. Am Anfang unserer Schöpfungsperiode hat Gott eine Unzahl von Geistwesen nach seinem Ebenbild geschaffen, denen die gleichen schöpferischen Fähigkeiten verliehen waren, wie sie ihm selbst zu eigen sind. Diese urgeschaffenen Geister, die mit einer völligen Willensfreiheit ausgestattet waren, riefen kraft der ihnen verliehenen Befähigung weitere Geistwesen ihresgleichen ins Dasein, so daß Myriaden von Engelwesen entstanden, die auf den ihnen gezeigten Ordnungswegen Gottes zur wahren Lebensvollendung geführt werden sollten. Doch am Ende jener endlos langen Urschöpfungsperiode wich ein Teil dieser Urwesen unter der Führung des erstgeschaffenen

Urgeistes Luzifer (d.h. Lichtträger) von den ihnen gebotenen Ordnungswegen ab. In ihrem Hochmut und ihrer Selbstherrlichkeit glaubten sie, sich der Gottheit bemächtigen zu können, um sodann den bevölkerten Schöpfungsraum zu beherrschen.* So entstand ein furchtbarer Machtkampf der Urgewalten in den Weiten des unendlichen Raumes. Die Heere der Gott treu gebliebenen himmlischen Geister stritten gegen die Rotten der mit Luzifer abtrünnig gewordenen Wesen. Durch den Mißbrauch ihrer Willensfreiheit schnitten sich die Scharen Luzifers jedoch von den göttlichen Lebensströmen ab und beraubten sich damit auch ihrer Macht und Schaffenskraft. So verdichtete sich dieser Teil der gefallenen geistigen Urschöpfung nach und nach zu den Urnebeln des materiellen Universums. Da nach der Liebe Gottes eine Vernichtung der gefallenen Geisterwelt nicht in Frage kam, wurde die Seele Luzifers mit seinem Anhang auf diese Weise ins Gericht der Materie gebannt. Im Zuge dieses Vermaterialisierungsprozesses entwickelte sich aus den gefallenen Urgeistervereinen durch wiederholte Abspaltungen auf immer tieferen Organisationsebenen der hierarchische Aufbau unseres Universums von den Supergalaxienhaufen bis hinunter zu den einzelnen Planetensystemen. Nach den Mitteilungen Lorbers gibt es im endlosen Schöpfungsraum eine Unzahl solcher Weltuniversen, deren stufenförmiger Aufbau dem unsrigen gleicht, die aber in unvorstellbar großen Entfernungen voneinander stehen und einen jeweils in sich abgeschlossenen Makrokosmos bilden, der von einer endlos großen undurchdringlichen Hülse umgeben ist. Gleich den Zellen des menschlichen Körpers stellen diese zahllosen Einzeluni-

---

* Die Vorgänge im geistigen Urkosmos beantworten zugleich die uralte Frage nach dem Ursprung des Bösen. In einer Welt, die aus willensfreien Geistwesen besteht, existiert immer auch die Möglichkeit des Mißbrauchs dieser Freiheit. Das Böse ist daher nichts anderes als die Folge einer falsch genutzten Freiheit außerhalb der gezeigten Ordnung Gottes.

versen* (von Lorber Hülsengloben genannt) in ihrer Gesamtheit einen ungeheuer großen Menschen dar, der von Böhme, Swedenborg und Lorber übereinstimmend als „großer Welten- oder Schöpfungsmensch“ bezeichnet wird. Außerhalb dieses großen Weltenmenschen dehnt sich der freie Raum in alle Richtungen ewig fort.

Einen Beweis für die Richtigkeit Lorberscher Prophetie können wir darin erkennen, daß Lorber den extragalaktischen Aufbau unseres Universums in exakter Weise beschrieben hat, viele Jahrzehnte bevor die moderne Astronomie überhaupt etwas von anderen Galaxien außerhalb unserer Milchstraße wußte. Manche Aussagen Lorbers über die Verhältnisse in unserem Universum harren indes noch der Entdeckung durch die Wissenschaft. So z.B. die Erkenntnis, daß der Kern einer Galaxie nicht aus einer verdichteten Ansammlung von Einzelsternen besteht, sondern von einer riesigen Zentralsonne gebildet wird. Nach Lorber bilden die Galaxien die unterste Stufe im hierarchischen Aufbau des Kosmos und kreisen, sich in Gruppen und Haufen formierend, um gewaltige Zentralsonnen. Viele solcher galaktischen Riesensysteme bewegen sich ihrerseits wiederum um eine noch viel größere Zentralsonne. Jenseits dieser galaktischen Übersysteme gibt es nach den Worten Lorbers noch zwei höhere Organisationsebenen im stufenartigen Aufbau des Weltalls. Insgesamt kreisen alle diese gigantischen Systeme um eine unermeßlich große „Urzentralsonne“, die den Mittelpunkt unseres Universums bildet. Diese riesigen Zentralsonnen verschiedener Ordnung sind nach Darstellung der Neuoffenbarung die Geburtsstätten neuer kosmischer Materie. Die moderne Astronomie hat diese Angabe Lorbers inzwischen weitgehend bestätigt. Man hat beobachtet, daß

---

* Interessanterweise wird nach dem derzeitigen Wissensstand der Astronomie eine Vielzahl von Universen durchaus für möglich gehalten.[34]

viele Galaxien aus ihrem Zentrum gewaltige Materieströme (sog. Jets) in den Weltraum schleudern. Diese ungeheuren Energieausbrüche lassen keinen Zweifel mehr daran, daß sich das All in einem Prozeß ständiger Nacherzeugung von Materie befindet. Die Urknall-Theorie, nach der das Weltall schlagartig aus einem dimensionslosen Nichts entstanden sein soll und ständig expandiert, wird durch das kosmische Weltbild der Neuoffenbarung klar widerlegt. „Aus der geistigen Sicht Jakob Lorbers ist der Makrokosmos dagegen ein Entwicklungs- und Verdichtungsprozeß von energetischen Urgeistern zu reiner Materie."[35]

Damit sind wir auch wieder bei den Ereignissen, die zur Bildung des physischen Universums geführt haben. Laut Neuoffenbarung ist nur ein Siebtel der Urgeistwesen von Gott abtrünnig geworden. In ihrer Gesamtheit stellen sie aber die sichtbare Schöpfung oder den ‚verlorenen Sohn' dar. „Die ganze sichtbare Schöpfung samt den Menschen", so sagt uns der Herr durch Lorber, „besteht nur aus Partikeln des großen, gefallenen und in die Materie gebannten Geistes Luzifer und seines Anhanges" (Hi 2; S.1). „Alles, was der unendliche Raum als Materielles innefaßt, ist gefangenes und gerichtetes Geistiges. Es sind Geister im Gerichte der Kraft und Macht des göttlichen Willens bis zu einer geordneten Zeit hin, in der sie jenen Grad der Festigung erreicht haben, auf dem dann die geistig selbständige Lebensfortbildung angebahnt werden kann" (GEJ 6; 122,6). „Es gibt in der ganzen Heiligen Schrift keinen Vers und kein Kapitel", so der Herr, „das da Größeres in sich fassen möchte als das Gleichnis vom verlorenen Sohn. – Sehet, er heißet Luzifer! – In diesem Namen steckt das ganze, für euch ewig unerfaßliche und endlose Kompendium des verlorenen Sohnes. Nun denket euch, daß beinahe die gesamte gegenwärtige Menschheit nichts als Glieder dieses einen verlorenen Sohnes sind" (Hi 1; S. 306/307).

Da nichts, was Gott einmal ins Dasein gerufen hat, wieder

vernichtet werden kann, erbarmte sich die Liebe Gottes der gefallenen Geisterwelt und setzte einen Erlösungsplan ins Werk, der vorsieht, die ins Gericht der Materie gebannten Urgeister in einem allmählichen Läuterungs- und Lösungsprozeß wieder in ein freies, reingeistiges Dasein zurückzuführen. Dies geschieht nun dadurch, daß die in den zahllosen Weltkörpern gebundenen luziferischen Seelenatome oder Urlebensfunken stufenweise, d.h. auf evolutivem Wege, durch das Mineral-, Pflanzen- und Tierreich emporgeführt werden. Im Zuge dieser Aufwärtsentwicklung durch die drei Naturreiche vereinigen sich die Naturseelen in einer langen Reihe von Inkarnationen zu immer höheren und komplexeren Lebensformen, bis sie schließlich so weit gereift sind, daß aus ihnen nach Gottes weisem Plan eine Menschenseele zusammengesetzt werden kann. Als „Gemeinleben von zahllosen vorangegangenen Leben" (GS 2; 66,7) ist die Menschenseele das Endziel der Naturseelenentwicklung und der Kulminationspunkt der materiellen Schöpfung. Aus der Hand Gottes erhält die aus der luziferischen Materie aufgestiegene Menschenseele ihre endgültige Form, die nach den Kundgaben Lorbers überall im Universum die gleiche ist. Doch erst der göttliche Geistfunken, der ihr bei der Geburt eingehaucht wird, unterscheidet sie von aller Kreatur und eröffnet ihr die Möglichkeit, die vollkommene Gotteskindschaft zu erlangen. Damit ist der Mensch nicht nur Schlußpunkt der materiellen Evolution, sondern zugleich auch der Ausgangspunkt einer geistigen Entwicklungslinie, die ihn, so er sich im irdischen Leben durch die Erfüllung der Gebote Gottes bewährt, zur ewigen Teilhaberschaft an der Fülle und Herrlichkeit Gottes befähigen kann.

In der prophetischen Schau Lorbers enthüllt sich uns der Erlösungsplan Gottes als eine gewaltige Rückführung der gefallenen Schöpfung aus den Fesseln der Materie zurück ins ewige Vaterhaus. Dabei entpuppt sich das evolutionäre Geschehen in der Natur als ein zielstrebiger Prozeß des göttlichen Willens, der einzig und allein auf die Entwicklung des Menschen ausgerichtet ist*. Das große Ziel des kosmischen Erlösungsplanes ist freilich erst erreicht, wenn auch der letzte Seelenfunken der einst gefallenen Kreatur in die geistige Urheimat zurückgekehrt ist. „Dann“, so spricht der Herr, „wird keine materielle Sonne und keine materielle Erde mehr kreisen im endlosen ewigen Raume, sondern all und überall wird eine überherrliche neue geistige Schöpfung mit seligen freien Wesen den endlosen ewigen Raum erfüllen, und Ich werde gleichfort aller Wesen Gott und Vater sein von Ewigkeit zu Ewigkeit, und dieses allerseligsten Zustandes wird fürder nimmer ein Ende sein; es wird da sein *eine* Herde, *ein* Schafstall und *ein* Hirte“ (GEJ 2; 63,3).

Mancher wird sich angesichts dieser überwältigenden Enthüllungen fragen, ob das Geschehen um den Engelssturz mit der biblischen Überlieferung in Einklang zu bringen ist. Ein Blick in die Heilige Schrift belehrt uns jedoch sehr schnell darüber, daß der Kampf der vorkosmischen Urgewalten tatsächlich stattgefunden hat. In der Johannes-Offenbarung lesen wir über den Geisterfall: „Und es erhob sich ein Streit im Himmel: Michael und seine Engel stritten wider den Drachen. Und der Drache stritt und seine Engel, und siegten nicht, auch ward ihre Stätte nicht mehr gefunden im Himmel. Und es ward gestürzt der große Drache, die alte Schlange, die da heißt Teufel und Satan, der die ganze Welt verführt“ (12,7-9). In Luk.10,18 vergleicht Jesus die erfolgreiche Mission seiner Jünger mit dem himmlischen Sieg über die Heere Satans. Petrus stellt in seinem zweiten Brief die gefallenen Engel als warnendes Beispiel für jene hin, die die Wahrheit Gottes verlästern (2,4). Und auch im Alten Testament wird auf

---

*In der Astrophysik hat man das Phänomen der lebens- und bewußtseinsfördernden Strukturen und Eigenschaften unseres Universums als ‚anthropisches Prinzip‘ bezeichnet. Dies besagt, daß die Entwicklungsbedingungen unseres Universums von Anfang an so ausgelegt waren, daß sich intelligentes Leben herausbilden konnte.

das Scheitern des Widersachers Gottes Bezug genommen. Der Prophet Jesaja verwendet dort den Sturz Luzifers als Bild für den Fall des Königs von Babel (14,12).

Alle Bibelstellen berichten übereinstimmend davon, daß der abtrünnige Engelsfürst „in die Tiefe“, „zu den Toten“ bzw. „in die Hölle“ hinabgestürzt wurde. Was es mit diesem finsteren Verbannungsort tatsächlich auf sich hat, das sagt uns die Johannes-Offenbarung. Dort heißt es: „Er ward geworfen auf die Erde“ (12,9). Damit ist ausgedrückt, daß Gott den Rädelsführer der himmlischen Aufruhr im Innern unseres Planeten eingekerkert hat. Diese biblische Aussage wird von der Neuoffenbarung bestätigt. Darin läßt der Herr über den Aufenthaltsort Satans* folgendes verlauten: „Nicht nur die Erde allein, sondern auch alle übrigen Weltkörper sind aus dieser einen Seele gestaltet, die in diesen Weltkörpern schon in zahllose Teile aufgelöst wurde. Der Geist aber ist nicht teilbar. Wo er als Einheit in eine große oder kleine Seele gelegt wurde, da bleibt er auch eine Einheit. War einst die Seele Luzifers (zu ihrer Sphäre zählen ebenso die Mitgefallenen; d.Vf.) auch noch so groß, konnte in ihr aber doch nicht mehr als ein Geist wohnen. Und dieser eine, durch sich selbst gefallene Geist kann nicht in all den zahllosen Teilen seiner einstigen Urseele wohnhaft sein. Seine Wohnung ist allein auf diese von euch bewohnte Erde beschränkt. Alle anderen Weltkörper, obgleich Teile dieser einstigen Seele, sind von dieser Einwohnerschaft frei“ (EM 53,6-8).

„Es wird für euch wissenswert sein, wo in diesem Erdkörper der eigentliche Aufenthaltsort des bösesten Geistes ist: Der Sitz dieses bösen Geistes ist der eigentliche festeste Mittelpunkt, auf den alles eindrückt, damit er sich nicht allzu gewaltig bewege und die Erde zerstöre. Wenn man ihm nur ein wenig Freiheit ließe, würde er in einem Augenblick nicht

---

* Satan (hebr. ‚Widersacher‘) und Luzifer (lat. ‚Lichtträger‘) sind Synonyme für den erstgeschaffenen Geist.

nur diese Erde, sondern die ganze sichtbare Schöpfung vernichten. Es liegt in ihm eine ungeheure Kraft, die nur durch allerschwerste Bande niedergehalten werden kann. Nur Ich allein als der Herr vermochte sie ihm anzulegen. Obwohl er so sehr gebunden ist, vermag er dennoch sein Erzböses in die aufsteigenden Spezifika (Naturseelen; d.Vf.) zu hauchen. Dieser Willenshauch ist noch mächtig genug, den Tod in alle Seelenspezifika einzupflanzen, dem alle Geschöpfe der Erde dadurch immer unterworfen bleiben. Denn alles Organische ist zerstörbar, und alle Materie trägt Tod und Zerstörung in sich" (EM 55,7).

„Seht, das ist für die Menschen dieser Erde zwar ein Nachteil, weil sie so nahe dem Bösesten aller Geister wohnen, der ihnen viel zu schaffen macht. Auf der anderen Seite haben sie aber auch den unendlichen Vorteil, daß sie einen kräftigen Geist aus Gott haben, mit dem sie – wenn sie nur wollen – die Bosheit abwehren können, um dadurch vollkommene Kinder Gottes zu werden" (EM 53,10). „Auf den anderen Weltkörpern bekommen die Menschen Geister aus den Engeln" (EM 53,9). „Dort sind den Menschen* in geistiger wie auch in naturmäßiger Hinsicht Schranken gestellt, über die sie höchst schwer einen Schritt tun können. Ihr Menschen dieser Erde aber habt im Geiste ebensowenig eine Beschränkung als der Herr Selbst und könnet tun, was ihr nur immer wollt. Ihr könnet euch erheben bis in die innerste Wohnung Gottes, aber eben darum auch so tief fallen als der Satan selbst" (GEJ 2; 60,5).

Nur auf dieser Welt also befindet sich der Mensch in der unmittelbaren Einflußsphäre Satans – nirgends sonst im Universum! Nur hier ist es dem Widersacher Gottes belassen, über Weltgelüste jedweder Art und Einflüsterung böser Gedanken Einfluß auf den Menschen zu nehmen und ihn von

* Lorber wie auch Swedenborg bekunden übereinstimmend, daß der ganze Kosmos von Menschen bewohnt ist.

den Wegen Gottes abzubringen. Damit schließt sich der Kreis. Jetzt wird deutlich, warum Gott für sein Erlösungswerk gerade diesen Weltkörper erwählt hat. Die Lorber-Kennerin Irmgard Kuhlmann schreibt: „Es ist gar keine Anmaßung, sich vorzustellen, daß Gott hier auf unserer Erde Mensch geworden ist. Denn hier, hier allein, war die Erlösung notwendig, hier auf dem unheimlichsten, grauenvollsten, schrecklichsten, niedrigsten aller Planeten, hier in der Präsenz seines Gegenspielers und einstigen Auserwählten, Luzifer. Um ihn und die einst Mitgefallenen geht es dabei. Um die grenzenlose Güte Gottes, der auch nicht eines seiner Kinder verloren geben will, sondern alle in einem gewaltigen, unendlich mühsamen Rückführungsprozeß wieder zu sich heimholen will, den verlorenen Sohn zum Vater. Beginnen wir zu begreifen, wer wir Menschen dieser Erde sind!“[36]

Es ist der dem Menschen innewohnende Geist aus Gott, „des Geistes Erstlingsgabe“, wie Paulus sich ausdrückt, der den Menschen über alle Kreatur hinaushebt und ihm seine einzigartige Sonderstellung im Kosmos verleiht. Allein dieser innere Gottesfunken befähigt den Erdenmenschen laut Neuoffenbarung zu den hochentwickelten Leistungen und Errungenschaften auf den Gebieten der Wissenschaft, Kunst und Geisteskultur. Die Menschen anderer Weltkörper erreichen nach den Aussagen Lorbers und auch Swedenborgs auf kulturellem Gebiet bei weitem nicht die schöpferischen Leistungen des irdischen Menschen. Vermöge seiner höchsten geistigen Fähigkeiten ist darum auch nur der Mensch dieser Welt in der Lage, das geoffenbarte Wort aus dem Munde Gottes in seinem tiefsten Lebenssinn zu erfassen (vergl. GEJ 8; 57,18-21). Es wird jedoch ausdrücklich betont, daß jedem Sternenbewohner die Möglichkeit offensteht, hier auf der Erde die Gotteskindschaft zu erringen. Wünscht er es, so wird es zugelassen, daß seine Seele auf diesem Planeten ins Fleisch gezeugt wird (GEJ 8; 16,2).

Nach den Worten Jesu steht die Erde in der Würde als Schule der Gotteskinder über allen anderen Weltkörpern, auch wenn es der äußeren Erscheinung nach in den Weiten des Universums unaussprechlich viel schönere Welten gibt als die unsrige. Jesus bezeichnet sie sogar als Hochschule der Gotteskinder: „Ihr aber – höret und begreifet es – seid auf Meiner ‚Universität'! Ich möchte überaus vieles aus euch machen! Daher müssen euch schon auch manche besondere Prüfungen auf dieser Hochschule nicht befremden" (Hi 1; S.345). Zur Heranbildung der Kinder Gottes auf dieser Erde müssen hier „Himmel und Hölle unter einem Dache wohnen; denn ohne Kampf gibt es keinen Sieg! Wo das Höchste zu erreichen möglich ist, muß dafür auch die größte Tätigkeit aufgeboten werden" (GEJ 3; 178,5).

Um zur vollen Gottähnlichkeit zu gelangen, haben die Gotteskinder auf dieser Welt mancherlei harte Prüfungen, Leiden und Demütigungen auszustehen. Denn nur in der Nachfolge Jesu kann das Ziel der höchsten Vollendung erreicht werden, und die führt über den schmalen und dornigen Pfad der Selbstverleugnung und durch die niedrige Pforte der Demut.

„Denn Gotteskindschaft ist ein heiligster Ernst", spricht der Herr, „und keine Spielerei, daher muß sie auch im vollsten und oft bittersten Lebensernste erstrebt werden! – Ein jeder von euch nehme sein Elend auf seine Schultern und folge Mir, dem Herrn, nach, ansonst es wohl nicht möglich ist, dahin zu gelangen, wo Ich bin und lebe und handle in der Mitte Meiner Kinder, die da sind und bleiben für Ewigkeiten Mein rechter Arm und tun, was Ich tue, und leben, wie Ich lebe!" (BM 175,3-4)

Auf die Frage: Warum es auf diesem Planeten so viele Gelegenheiten gibt, den Anreizungen und Verlockungen zum Bösen (wie Weltliebe, Selbstliebe, Hochmut, Herrschsucht, Zorn, Rachsucht, Neid, Geiz, Hoffart etc.) zu erliegen, wird uns aus Engelmund folgende Antwort zuteil: „Solange ein

Mensch nicht in allen möglichen Dingen und Verhältnissen den Satan mit höchst eigener Macht aus dem Kampffelde treiben kann, hat er die volle Kindschaft Gottes noch lange nicht! Wie sollte er aber je dieses Feindes Sieger werden, wenn man ihm alle Gelegenheit nähme, auch nur mit einem Haare des Feindes in Berührung zu kommen? Ja, das wahre Reich Gottes kostet einen großen Kampf der vollsten Freiheit des ewigen Lebens wegen, und so muß euch ja Gelegenheit zum Kampfe gegeben sein zwischen Himmel und Hölle!" (GEJ 2; 59,14)

Über den großen Vorzug, den die Gotteskinder vor aller Kreatur genießen, heißt es ebenfalls aus Engelmund: „Ihr Menschen dieser Erde, die ihr nun von dem Allerhöchsten von Ewigkeit belehrt und geleitet werdet, seid um ein Unaussprechliches besser daran (als wir Engel)! Denn es ist durchaus nicht ein und dasselbe, ob man ein Sohn des Hauses oder nur ein Knecht desselben ist. Den Kindern gehört alles, was der große Vater besitzt, den Knechten aber nur das, was der Herr ihnen geben will" (GEJ 6; 190,15).

Im Lichte dieser Engelskundgabe wird nun auch manches biblische Wort verständlich, das die Gottähnlichkeit des Menschen bezeugt und ihn über die Engelwelt erhebt. So weist Jesus selbst auf den 82. Psalm hin, in dem es vom Menschen heißt: „Ihr seid Götter und allzumal Söhne des Höchsten" (Vers 6; vergl. Joh.10,34). König David besingt die hohe Bestimmung des Menschen mit den Worten: „Du hast ihn wenig niedriger gemacht als Gott, mit Ehre und Herrlichkeit hast du ihn gekrönt" (Ps.8,6). Und auch Paulus verweist auf die hohe Berufung der Menschenkinder: „Wisset ihr nicht, daß wir über Engel richten werden?" (1. Kor. 6,3) „Denn welche der Herr zuvor ausersehen hat, die hat er auch verordnet, daß sie gleich sein sollten dem Ebenbilde seines Sohnes, auf daß derselbe der Erstgeborene sei unter vielen Brüdern" (Rö.8,29).

Die Lehre, daß die Menschen abgefallene Geister sind, die

über den langen, mühevollen Weg durch die Materie wieder ins Vaterhaus zurückgeführt werden, ist keineswegs erst durch die neue Prophetie dargelegt worden. Schon im christlichen Altertum vertrat der größte Bibelgelehrte seiner Zeit, Origenes (ca. 185-254), die Lehre von der ,Wiedererbringung alles Verlorenen'. Nach seiner Überzeugung ist die materielle Schöpfung ein gewaltiger Entwicklungsprozeß, an dessen Ende die Wiedervereinigung aller Kreatur mit Gott steht, die den ursprünglichen Zustand zwischen Schöpfer und Geschöpf wiederherstellt. Die Kirche des 6. Jahrhunderts verwarf die Versöhnungslehre des Origenes und ersetzte sie durch die unbiblische Lehre von der ewigen Verdammnis.

Vom wahren Wesen des Menschen und seiner Wiedergeburt

Die Frage nach der Menschennatur hat den Menschen als das Wesen, das über sich selber nachdenkt, von alters her beschäftigt. Dabei haben die Begriffe Geist und Seele als Bezeichnung für vom Leib unterschiedene Wesensbestandteile des Menschen stets eine zentrale Rolle gespielt. Was jedoch unter diesen innewohnenden Lebensprinzipien genau zu verstehen ist, und wie man sich ihr Zusammenwirken mit dem Körper zu denken hat, darüber gibt es in der Geistesgeschichte des Menschen höchst widersprüchliche Aussagen und Deutungen. Insgesamt läßt sich feststellen, daß es bisher keinem noch so tiefsinnigen Denker gelungen ist, das Geheimnis des innermenschlichen Wesens zu entschleiern. Auch die moderne Wissenschaft vom Menschen hat es nicht vermocht, sich zweifelsfreie Gewißheit über das Gefüge der menschlichen Innenwelt zu verschaffen.

Kaum jemand hat die Ohnmacht des menschlichen Erkenntnisvermögens in der Frage nach der wahren Menschennatur treffender formuliert als der geniale französische Naturwissenschaftler, Ingenieur und Philosoph Blaise Pascal. Für ihn gab es Urgewißheit nur aus dem Glauben und aus der Offenbarung. Er schreibt: „Der Mensch ist sich selbst das unlösbarste Rätsel der Welt, denn er kann nicht begreifen, was der Körper ist, und noch weniger, was der Geist ist, und am wenigsten von allem, wie ein Körper und ein Geist vereint sein können." – „Wenn eine Religion wahr sein soll, muß sie unsere Natur kennen. Sie muß die Größe und die Nichtigkeit und den Grund von beiden erkannt haben. Wer hat ihn außer der christlichen gekannt?" – „Erkenne, Hochmütiger, was für ein Widerspruch du dir selber bist. Demütige dich, unmächtige Vernunft, schweige still, törichte Natur, begreife: der Mensch übersteigt unendlich den Menschen, und lerne von deinem Herrn deine wirkliche Lage, von der du nichts weißt. Höre auf Gott!"[37]

Folgen wir also der Weisung Pascals und betrachten wir zunächst, was uns die Bibel über das Wesen des Menschen offenbart. Wir erhalten im Buch der Bücher zwar keine zusammenhängende Darstellung vom Wesen des Menschen, doch können wir aus den vielfältigen Aussagen des biblischen Textes über den Menschen ein recht zuverlässiges Bild von der wahren Beschaffenheit der menschlichen Natur gewinnen. Danach ist der Mensch ein dreigegliedertes Wesen, oder besser gesagt: Eine Einheit aus Leib, Seele und Geist. Es ist vorallem der Apostel Paulus, der sich eingehend mit der Wechselwirkung zwischen dem inwendigen und äußeren Menschen befaßt. Auch er bestätigt die Dreigliederung des menschlichen Wesens: „Er aber, der Gott des Friedens, heilige euch durch und durch, und euer Geist ganz samt Seele und Leib müsse bewahrt werden unsträflich auf die Ankunft unseres Herrn Jesus Christus" (1.Thess.5,23). Nach Paulus ist die Seele die Mitte des Menschen, das Bindeglied zwischen

Leib und Geist. Der Apostel benutzt für das Wort Seele auch die Synonyme „inwendiger Mensch“, „geistlicher Leib“ und „Gemüt“. Die Seele ist das eigentliche Ich im Menschen, jene Instanz, die seine individuelle Persönlichkeit ausmacht. Sie ist der Sitz des Bewußtseins, des Willens und der Empfindungen. Das Seelen-Ich ist keine bloße Lebensäußerung des stofflichen Leibeslebens, sondern der unvergängliche Mensch selbst, den niemand töten kann (Matth.10,28). Daß das Seelen-Ich etwas vom Körperlichen Unabhängiges ist, äußert sich im Wunsch des Paulus, „abzuscheiden“ und „außerhalb des Leibes zu wallen und daheim zu sein beim Herrn“ (2.Kor.5,8). Bewußt stellt der Apostel das unvergängliche Wesen der Seele dem vergänglichen Körper gegenüber: „Ich elender Mensch! Wer wird mich erlösen von dem Leibe dieses Todes?“ (Rö.7,14) Paulus macht keinen Hehl daraus, daß die Begehrlichkeiten des Fleisches dem Willen des Geistes Gottes entgegenstehen: „Denn das Fleisch streitet wider den Geist und der Geist wider das Fleisch; dieselben sind widereinander, daß ihr nicht tuet, was ihr wollt“ (Gal.5,17). Das Ich, das nicht tut, was der Geist will, ist die Seele. In ihr spielt sich der Kampf zwischen dem Geist Gottes und den selbstsüchtigen Regungen des Fleisches ab.

Was aber haben wir uns unter der Seele als Träger des Ichbewußtseins vorzustellen? Was für ein Gebilde ist sie? Welches Aussehen hat sie? Nach dem Zeugnis Jesu, das wir durch Jakob Lorber empfangen haben, ist die Seele eine rein ätherische, nichtstoffliche Substanz, die ihrer Erscheinung nach einen ebenso vollkommenen Menschen darstellt, wie das materielle Ebenbild ihres Leibes: „Seht, die Seele als eine geistige Substanz ist ganz vollkommen Mensch, sowohl der Gestalt als auch allen Gliedern und Bestandteilen des Leibes nach! Und wäre sie das nicht, so könnte sie auch nicht von ihrem Leibe den möglich vollkommenen Gebrauch machen. Die Hände der Seele befinden sich in den Händen des Leibes, ihre Füße in des Leibes Füßen, und so fort alle Teile der Seele in den entsprechenden Teilen des Leibes" (GEJ 6; 218,1). „Für die Seele ist ihr Leib ebenso vollkommen Leib, wie dem Fleische das Fleisch vollkommen Fleisch ist. Nichts fehlt dem Seelenleibe, was immer da innehat der fleischliche Leib ... Die Sinne des Leibes sind die Leitzügel in den Händen der Seele zur Beherrschung ihres Leibes für die Außenwelt" (GEJ 4; 51,3-4). „Was im Leibe fühlt, hört, sieht, schmeckt, denkt und will, das ist das unsterbliche Wesen der Seele und nicht der an und für sich tote Leib, dessen Scheinleben ja nur durch das wahre Leben der Seele bedingt ist" (GEJ 9; 167,6)*. „Nach dem Abfalle des Leibes hat die unsterbliche Seele ganz dieselbe Gestalt, die sie ehedem im Leibe hatte" (GEJ 6; 219,9).

„Wenn wir aber das Leben und Sein der Seele für sich noch näher betrachten, so werden wir auch leicht finden, daß sie als auch noch ein substantielles Leibmenschwesen für sich um nichts höher stünde als allenfalls die Seele zum Beispiel eines Affen. Sie würde wohl eine instinktmäßige Vernunft in einem etwas höheren Grad innehaben als ein gemeines Tier, aber von einem Verstand und einer höheren freien Beurteilung der Dinge und ihrer Verhältnisse könnte da nie eine Rede sein. Dieses höhere und eigentlich höchste und Gott völlig ähnliche Vermögen in der Seele bewirkt ein rein essentieller Geist, eben in der Seele wohnend" (GEJ 8; 24,11-12).

„Dadurch kann der Mensch vernünftig und verständig werden, hat eine Sprache und kann Gott als seinen Schöpfer anfangs ahnen und später immer reiner erkennen, lieben und dann seinen eigenen Willen dem erkannten göttlichen völlig unterordnen" (GEJ 6; 32,6). „Dieser Geistfunke ist von Gott und enthält in sich alle Wahrheit und gerechte Erkenntnis von Haus aus. Durch ihn steht der Mensch in engster Verbin-

---

*Damit findet der sogenannte Phantomschmerz, der bei arm- oder beinamputierten Menschen auftritt, seine natürliche Erklärung.

dung mit dem Urgeiste Gottes selbst und kann durch ihn eindringen in alle Geheimnisse und Weisheit Gottes selbst" (GEJ 11; 10,8).

Auch in diesem Punkt ist die grundlegende Übereinstimmung zwischen Neuoffenbarung und biblischer Lehre unverkennbar. Paulus hat in seinen Briefen stets mit aller Deutlichkeit auf das dritte und höchste Wesensglied des Menschen, den innewohnenden Geist, aufmerksam gemacht. An die Korinther schreibt er: „Wisset ihr nicht, daß ihr Gottes Tempel seid und der Geist Gottes in euch wohnt?" (1.Kor.3,16) „Gott hat in unsere Herzen als Unterpfand den Geist gegeben" (2.Kor.1,22). Ist dieser Geist erst einmal erweckt, so „erforscht er alle Dinge, auch die Tiefen der Gottheit" (1.Kor. 2,10).

Dieser Gottesfunke wird dem Menschen bei der Geburt ins Herz gelegt, und ist seinerseits ein wesenhafter Teil aus dem Herzen Gottes kommend – sozusagen ein getreues Abbild des Herrn in winzigster Form. Er offenbart sich dem Menschen aber so lange nicht, bis dieser alle schlechten Eigenschaften, vorallem seinen Hochmut und seine sinnlichen Leidenschaften, aus seiner Seele hinausgeschafft hat. Dazu der Herr: „Je mehr sich die Seele mit der Materie ihres Fleisches verbindet, desto mehr muß die Ausbildung des Geistes Gottes in ihr verkümmern und desto mehr verliert sie dann auch das Bewußtsein und die Erkenntnis des ewigen, unverwüstbaren Lebens in ihr. Je mehr die Seele sich aber von der Materie ablöst, desto freier wird sie in allem, und je mehr sie sich dann verbindet mit dem göttlichen Geiste in ihr, desto lebendiger und stets heller wird darauf das Bewußtsein und die Erkenntnis des ewigen Lebens in ihr" (GEJ 2; 226,1).

„Also muß der Mensch durch seinen freien Seelenwillen alle materiellen Bestrebungen in sich gleichsam töten und vernichten. Er muß an nichts Weltlichem mehr mit einer gewissen Liebe hängen. Sein Streben muß sein: Gott stets mehr zu erkennen, zu lieben und den ihm geoffenbarten Willen

Gottes in allem zu erfüllen, und sollte das der Seele und ihrem Leibe noch so große Opfer kosten. Dadurch wird dann der göttliche Geist im Menschen tätig, erfüllt bald den ganzen Menschen, macht ihn Gott ähnlich und gibt ihm alle Kraft und Macht und das ewige, unverwüstbare Leben" (GEJ 7; 103,5-6). Ist der Geist Gottes auf diese Weise in der Seele zum herrschenden Prinzip geworden, „so lehrt er die Seele in einer Stunde mehr, als ein Mensch auf dieser Erde von noch so weisen Lehrern in tausend Jahren erlernen könnte" (GEJ 10; 16,7).

In den Schriften Lorbers wird ausdrücklich darauf hingewiesen, daß die freie Selbstbestimmung des Menschen von der Seite Gottes her nicht die geringste Nötigung erfährt, und auch die Vereinigung mit Gott dem Menschen nichts von seiner Willensfreiheit benimmt. Jesus: „Darin eben liegt das große Geheimnis der Selbstgestaltung des Menschen! Alles kann Ich dem Menschen tun, und er bleibt Mensch, aber das Herz ist sein eigen, das er vollkommen selbst bearbeiten muß, so er das ewige Leben sich selbst bereiten will. Denn würde Ich Selbst zuerst die Feile an des Menschen Herz legen, so würde der Mensch zur Maschine und gelangte nie zur freien Selbständigkeit; wenn aber der Mensch die Lehre bekommt, was er zu tun hat, um sein Herz für Gott zu bilden, so muß er diese auch frei befolgen und sein Herz nach ihr bilden! Hat er sein Herz danach gebildet und es gereinigt und gefegt, sodann erst ziehe Ich im Geiste in dasselbe und nehme Wohnung darin, und der ganze Mensch ist dann im Geiste wiedergeboren und kann fürder ewig nimmer verlorengehen" (GEJ 2; 75,7-8).

Nach den Worten Jesu besteht in der Erlangung der Wiedergeburt der eigentliche Sinn des menschlichen Lebens: „Die Wiedergeburt des Geistes ist die einzige Bedingung dieses Erdenlebens, wie das Endziel alles freien Seins" (Hi 2; S.65). Unter der seelischen Wiedergeburt oder der Wiedergeburt des Geistes in der Seele, was dasselbe ist, ist die Vereinigung von Seele und innewohnendem Gottesgeist zu verstehen. Über den Weg zur Neu- oder Wiedergeburt gibt Jesus seinen Jüngern folgende Belehrung: „Nur ein Mensch, der den Geist so weit in sich erweckt hat, daß die Seele keine irdischen verkehrten Reflexe zurückwirft, hat die Wiedergeburt erlangt und steht in der völligen Wahrheit. – Hat sich die Seele nun völlig dem Wesen des Geistes untergeordnet und ist sie dadurch irdisch wunschlos geworden, so daß sie nur noch einzig und allein nach Geistigem strebt und in dem Geistigen demnach als selbstbewußte Seele aufgegangen ist, so hat der vollendetere Mensch eine Stufe erreicht, welche von den indischen Weisen als ‚Nirwana' bezeichnet wurde, also einen Zustand, in dem jeder Wille, welcher fleischlich-irdische Neigungen bedingt, vernichtet ist, und welcher jedes Leben im Fleische als materielle Existenz ausschließt. Dieser Zustand ist im materiellen Leben möglich, ja soll erreicht werden, damit der völlige Friede einziehe ins Menschenherz" (GEJ 11; 50,10.12). „Ein solcher im Geiste ganz und gar wiedergeborener Mensch ist Mir dann völlig ebenbürtig und kann aus sich in aller seiner Lebensfreiheit wollen, was ihm in Meiner Ordnung, die er dann selbst geworden ist, nur immer beliebt, und es muß dasein und geschehen nach seinem freien Willen. In solchem lebensvollendeten Zustande, weil Mir völlig ähnlich, ist der Mensch dann nicht nur ein Herr der Kreatur und der Elemente dieser Erde, sondern seine Herrlichkeit erstreckt sich dann, gleich der Meinigen, über die ganze Schöpfung im endlosen Raume, und sein Wille kann den zahllosen Welten Gesetze vorschreiben, und sie werden befolgt werden. Denn seine verklärte Sehe durchdringt alles gleich der Meinigen und eigentlich mit der Meinigen, und sein klarstes Erkennen erschauet allenthalben die Bedürfnisse in aller Schöpfung und kann darauf verordnen und schaffen und helfen, wo es und was es auch sei; denn er ist ja in allem eins mit Mir" (GEJ 4; 217,9).

Angesichts dieser unvergleichlichen Enthüllung erschließt

sich uns der eigentliche Sinn und die wahre Bedeutung des johanneischen Jesuswortes, das da lautet: „Wahrlich, wahrlich, ich sage euch: Wer an mich glaubt, der wird die Werke auch tun, die ich tue, und wird größere als diese tun“ (Joh. 14,12).

Auch im Neuen Testament wird auf die hohe Bedeutung der Wiedergeburt hingewiesen. Im nächtlichen Gespräch mit dem Pharisäer und Judenobersten Nikodemus betont Jesus, daß der Mensch nur dann in das Reich Gottes gelangen kann, wenn er aus dem Wasser und dem Geist neugeboren wird (Joh.3,3.5). Aus Joh.4,14 wissen wir, daß das Wasser die Lehre Jesu symbolisiert. Was Jesus mit seiner bildhaften Rede ausdrücken will, ist darum nichts anderes, als daß sich seine Nachfolger die Botschaft des Evangeliums aneignen und sodann auch im Geiste danach wandeln müssen. Wandel im Geist aber bedeutet, daran läßt das Neue Testament keinen Zweifel, daß der Mensch die selbstsüchtigen Regungen seiner äußeren Fleischnatur überwinden muß (vergl. Gal.5,16-25).

Bezugnehmend auf die obige Szene mit Nikodemus gibt uns der Herr bei Lorber noch eine zusätzliche Erläuterung zur bildlichen Darstellung von Wasser und Geist. Darin heißt es: „Die Seele muß mit dem Wasser der Demut und Selbstverleugnung gereinigt werden (denn das Wasser ist das urälteste Symbol der Demut; es läßt alles aus sich machen, ist zu allem dienstfertig und sucht sich stets die niedersten Stellen der Erde aus und fliehet die Höhen) und dann erst aus dem Geiste der Wahrheit, die eine unreine Seele nie fassen kann, da eine unreine Seele gleich ist der Nacht, während die Wahrheit eine Sonne voll Lichtes ist, die allenthalben Tag um sich verbreitet. Wer demnach in seine durch die Demut gereinigte Seele die Wahrheit aufnimmt und diese tatsächlich als solche erkennt, den macht dann ebensolche Wahrheit im Geiste frei, und diese Freiheit des Geistes oder das Eingehen des Geistes in solche Freiheit ist dann auch das eigentliche Eingehen in das Reich Gottes“ (GEJ 1; 18,8.9).

Die Neu- oder Wiedergeburt ist also kein einmaliges Bekehrungsereignis, wie viele Christen irrtümlich annehmen, sondern ein oft lebenslanger Kampf des inneren geistigen gegen den äußeren fleischlichen Menschen.

Das Christentum unserer Tage vermag mit der neutestamentlichen Aufforderung zur Weltentsagung und Selbstverleugnung nichts mehr anzufangen und legt sie deshalb als antiquiert ad acta. Doch gerade dadurch wird das Fundament der christlichen Botschaft gefährlich unterhöhlt. Die Neuoffenbarungen Jesu öffnen uns nun erneut die Augen dafür, daß die Welt- und Fleischesliebe nur eine Form der Eigenliebe ist.Und dies allein ist auch der Grund, warum sie das Neue Testament als Feindschaft gegen Gott verurteilt (vergl. Rö. 8,7; Jak.4,4).

„Ich weiß, daß in mir, das ist in meinem Fleische, wohnt nichts Gutes“, schreibt Paulus (Rö.7,18). Nur zu gut wußte der erleuchtete Apostel, was es mit der Fleischnatur des Menschen auf sich hat. Aus der Neuoffenbarung wissen wir, daß der menschliche Körper nicht das Leben selbst ist, sondern nur eine materielle Umhüllung der Seele, die es ihr ermöglicht, auf diesem Erdkörper zu verweilen. Dazu der Herr: „Sehet, der Leib ist Materie und besteht aus den gröbsten urseelischen Substanzen, die durch die Macht und Weisheit des göttlichen und ewigen Geistes in jene organische Form gezwängt werden, die der einen solchen Formleib bewohnenden freieren Seele in allem Nötigen wohl entspricht. Die in einem Leibe wohnende Seele aber ist natürlich anfangs um nicht viel reiner als ihr Leib, weil sie auch der unreinen Urseele des gefallenen Satans entstammt. Der Leib ist für die noch unlautere Seele eigentlich nichts als eine höchst weise und zweckmäßig eingerichtete Läuterungsmaschine. – Der Leib aber ist, weil aus lauter in tiefem Gerichte noch seienden Teilen bestehend und darum des Todes fähig, bei und für jeden Menschen die Hölle im engsten Sinne; die Materie aller Welten aber ist die Hölle im weitesten Sinne, in die der

Mensch durch seinen Leib gegeben ist. Wer nun viel für seinen Leib sorgt, der sorgt offenbar auch für seine höchst eigene Hölle und nährt und mästet sein Gericht und seinen Tod zu seinem höchst eigenen Untergange. – Wenn der Leib die Seele reizt, sich für seine sinnliche Befriedigung in alle Tätigkeit zu werfen, so rührt das stets von den vielen unlauteren Natur- oder gerichteten Materiegeistern her, die so ganz eigentlich das Wesen des Leibes ausmachen. Gibt die Seele den Anforderungen des Leibes zuviel Gehör und tut danach, so tritt sie mit ihnen in Verbindung und steigt auf diese Weise in ihre höchst eigene Hölle und in ihren höchst eigenen Tod. Und tut die Seele solches, so begeht sie eine Sünde wider die Ordnung Gottes in ihr. Verharrt die Seele darin mit Liebe und köstlichem Behagen, so ist sie ebenso unrein wie ihres Leibes unreinste und gerichtete Geister, bleibt dadurch in der Sünde, somit in der Hölle und im Tode. Wenn sie auf der Welt auch gleich ihrem Leibe nach fortlebt, so ist sie aber dennoch so gut wie tot, fühlt auch den Tod in sich und hat eine große Furcht vor ihm. – Sehet, darin liegt auch der Grund, aus dem heraus nun viele tausendmal Tausende von Menschen von einem Leben der Seele nach dem Tode ihres Leibes ebensoviel wissen wie ein Stein, der am Wege liegt" (GEJ 2; 210,1-2, 8.9.11 - 13).

Alle Materie einschließlich des menschlichen Leibes, das lehren uns die Enthüllungen Jesu, entstammt der gefallenen Satanseele und befindet sich im tiefsten Zustand des Gerichts. Sie ist der Inbegriff aller widergöttlichen Eigenschaften und die Ursache der Lüge, des Truges und der Versuchung. Jesus bezeichnet seinen alten Widersacher in der Bibel als „Vater der Lüge" (Joh.8,44) und „Fürst dieser Welt" (Joh.12,31; 14,30; 16,11), da alles, was seinem Reich angehört, nur dem äußeren Schein nach das ist, was es zu sein vorgibt. Denn nichts in der stofflichen Daseinsebene hat Bestand, alles ist der Vergänglichkeit, der Auflösung und dem Tod unterworfen. Das ureigentliche Wesen des Materie-(Satan-)

reiches ist somit der genaue Gegenpol des Wesens und Reiches Gottes, das ewig und unvergänglich ist. Daß auch das Fleisch des Menschen dem Schattenreich Satans angehört, verdeutlichte Jesus in drastischer Form, als er seinen Jünger Petrus, der über den angekündigten Leibestod seines Heilands in Erregung geriet, mit den scharfen Worten zurechtwies: „Hebe dich, Satan, von mir! Du bist mir ein Ärgernis; denn du meinst nicht, was göttlich, sondern was menschlich ist“ (Matth.16,23).

Allein um die Rettung der Seele geht es im großen Heilsplan Gottes. Die vordringliche Lebensaufgabe eines jeden Menschen ist es, die selbstsüchtigen und gottwidrigen Regungen von Leib und Seele sowie alle Versuchungen, die von außen an ihn herangetragen werden, zu bekämpfen und zu besiegen. Denn die reine Liebe zu Gott und zum Nächsten ist frei von aller Selbstsucht (1.Kor.13,5). Als Menschensohn Jesus hat uns Gott ein Beispiel gegeben, wie es der Mensch zur wahren Lebensmeisterschaft bringen kann.

„Wer da sagt, daß er in ihm bleibt“, schreibt der Jünger Johannes, „der soll auch wandeln, gleichwie er gewandelt ist“ (1.Joh.2,6). Und das heißt: „Habt nicht lieb die Welt noch was in der Welt ist. So jemand die Welt liebhat, in dem ist nicht die Liebe des Vaters. Denn alles, was in der Welt ist, des Fleisches Lust und der Augen Lust und hoffärtiges Leben, ist nicht vom Vater, sondern von der Welt. Und die Welt vergeht mit ihrer Lust; wer aber den Willen Gottes tut, der bleibt in Ewigkeit“ (1.Joh.2,15-17).

Hat es der Mensch auf die angezeigte Weise zur äußersten Seelenvollendung und damit zur *Wiedergeburt der Seele* gebracht, so hat er damit nicht unbedingt die höchste und letzte Stufe der Seligkeit erreicht. Denn das völlige Hindurchdringen des Geistes in die Seele bringt nicht zwangsläufig auch die Anschauung der persönlichen Gottheit in Jesus mit sich. Erst durch den lebendigen Glauben, daß in Jesus der ewige Vater selbst Mensch geworden ist, kann der wiedergeborene Mensch in die „klare, anschauliche Gemeinschaft mit Gott selbst gelangen“ (GEJ 11; 52,6). „Dieses gemeinschaftliche ewige Zusammenwohnen Gottes mit Seinen Kindern ist die *Wiedergeburt des Geistes*“ (GEJ 11; 52,4).

Wie schon bei Swedenborg, so zeigt sich auch bei Lorber, daß von der richtigen Gottesvorstellung letztlich die Einwohnerschaft im himmlischen Jerusalem und damit auch der höchste Grad der Seligkeit abhängt.

Vom ewigen Leben im Jenseits

Der antike Philosoph Platon bezeichnete den Tod einmal als ‚Umzug der Seele‘. Mit dieser treffenden Umschreibung des Todesgeschehens brachte Platon zum Ausdruck, daß das Lebensende kein Erlöschen des menschlichen Ichbewußtseins ist, sondern lediglich der Übergang in ein anderes Dasein jenseits unserer materiellen Existenzebene. In gleicher Weise stellt sich der Vorgang des Sterbens auch aus biblischer Sicht dar. Die Bibel bejaht dabei nicht nur das Fortleben des Menschen jenseits der Todesschwelle, sondern sie bezeugt auch, daß das irdische Leben nahtlos in ein ewiges übergeht. Lediglich die sterbliche Leibeshülle wird dem Menschen genommen, sein unverwechselbares Aussehen und seine individuelle Persönlichkeit aber bleiben ihm erhalten. Die unsterbliche Seele fällt beim Hinübergehen in die ewige Welt weder in einen todesähnlichen Schlaf noch in eine Bewußtlosigkeit, sondern ersteht bei vollem Bewußtsein zu einem unvergänglichen Leben*.

---

* Daß die Seele ein vom Leib unabhängiges Wesen ist, das den physischen Tod überlebt, bezeugen in eindrucksvoller Weise auch die Ergebnisse der modernen Sterbeforschung. Obgleich das christliche Weltbild

Im Neuen Testament wird auf diesen wichtigen Umstand mehrfach hingewiesen. Es sei in diesem Zusammenhang noch einmal an die Worte Jesu erinnert, die er zu einem Mitgekreuzigten sprach: „Heute noch wirst du mit mir im Paradiese sein“ (Luk.23,43). Im Gleichnis vom armen Lazarus (Luk.16,19-31) macht Jesus ebenfalls deutlich, daß der Mensch unmittelbar nach seinem Tode – je nach seinen Werken – zu einem jenseitigen Leben ersteht. Auch der Apostel Paulus läßt keinen Zweifel an einem Weiterleben jenseits des Todes aufkommen, wenn er schreibt: „Solange wir im Leibe wohnen, wallen wir ferne vom Herrn. Wir haben daher vielmehr Lust, außer dem Leibe zu wallen und daheim zu sein beim Herrn“ (2.Kor.5,6.8). Noch etliche Aussagen ähnlicher Art ließen sich hier anfügen. Die Bibel sagt es klar und unmißverständlich: Die Toten leben weiter, sie sind nicht tot! Wie könnte es auch anders sein, wo doch Jesus im Hinblick auf die auferstandenen Erzväter Israels verkündet: „Gott ist nicht ein Gott der Toten, sondern der Lebendigen!“ (Matth.22,32) Wenn das Neue Testament dennoch die Worte ‚Schlaf‘ oder ‚schlafen‘ für den Todeszustand gebraucht, so ist diese Ausdrucksweise lediglich eine Umschreibung für die Tatsache, daß mit dem Tode des Leibes alles irdische Schaffen zur Ruhe gekommen ist.

Wie aber hat sich der Gläubige das Weiterleben nach dem Tode vorzustellen? Wohin gelangt der Verstorbene nach der Ablegung seiner irdischen Leibeshülle? Wie schauen sie aus, die ewigen Gefilde des jenseitigen Lebens? Gibt es wirklich so etwas wie Himmel und Hölle? Und vorallem: Gibt es ein Wiedersehen im Jenseits? Fragen häufen sich über Fragen. Die Auskünfte der Bibel über das Leben nach dem Tod sind nur sehr spärlich und überdies schwer deutbar. Sie vermögen dem Menschen nicht jene befriedigende Gewißheit zu geben,

---

dadurch in wunderbarer Weise untermauert wird, haben es die Kirchen bis heute nicht verstanden, sich diese wichtigen Erkenntnisse in fruchtbarer Weise zunutze zu machen.

die er sich über die Lebensverhältnisse in der zukünftigen Welt erhofft. Auch die Kirchen vermitteln zum Thema Tod und ewiges Leben nicht viel Konkretes und Greifbares, da sie neben der Bibel über keinerlei weiterführende Offenbarungen verfügen. Sie können daher ebenfalls nur wenig Orientierung bieten. Hinzu kommt, daß heute viele Pastoren selbst nicht mehr an ein Weiterleben nach dem Tode glauben und dies auch offen bekennen.

Welch tiefe und reiche Erkenntnisse über das ewige Leben eröffnen sich dem wahrheitssuchenden Menschen hingegen durch die großen Jenseitsoffenbarungen, wie wir sie durch Emanuel Swedenborg und Jakob Lorber empfangen haben. Noch nie, solange die Erde von Menschen bewohnt wird, so läßt uns der Herr durch Jakob Lorber wissen, sind die geistigen Lebensverhältnisse des Jenseits so umfassend und völlig enthüllt kundgegeben worden wie durch die neue Prophetie (GS 2;123,11).

Grundlage für die nachfolgenden Betrachtungen bilden wie auch in den vorangegangenen Kapiteln wieder allein die Werke Lorbers. Darin gibt uns der Herr kund, „daß der Mensch nach Ablegung des Leibes ganz so Mensch ist mit Haut und Haaren, mit seiner Sprache, mit seinen Ansichten, Gewohnheiten, Sitten, Gebräuchen, Neigungen, Leidenschaften und daraus hervorgehenden Handlungen, wie er es auf der Welt bei seinem Leibesleben war – d.h. solange er nicht die völlige Wiedergeburt des Geistes erlangt hat. Deshalb heißt auch ein solcher erster Zustand sogleich nach dem Übertritt ‚die naturmäßige Geistigkeit', während ein vollends wiedergeborener Geist sich im Zustand der ‚reinen Geistigkeit' befindet" (HH 1; 67,1-2).

Hat ein Mensch seine Schwächen und negativen Eigenschaften bis zu seinem Erdentode durch ein Leben in Selbstverleugnung, Demut, Nächsten- und Gottesliebe wenigstens zur Hälfte überwunden, so daß der Gottesfunken in seiner

Seele dadurch mindestens zur Hälfte erweckt worden ist, so kann er vom Herrn selbst in relativ kurzer Zeit zum Ziel seiner himmlischen Vollendung geführt werden und somit die volle Wiedergeburt des Geistes erreichen. Die jenseitigen Entwicklungswege solcher bereits zur Hälfte wiedergeborenen Seelen können wir in den beiden Jenseitswerken ‚Bischof Martin' und ‚Von der Hölle bis zum Himmel' lebendigst nacherleben.

Ganz anders sieht der jenseitige Werdegang von Seelen aus, die bis zu ihrem Tode noch überwiegend selbstsüchtig, hochmütig und herrschsüchtig geblieben sind und auch weiter in dieser Haltung verharren. Solche unvollkommenen Seelen bemerken zunächst oft gar nicht, daß sie gestorben sind, und gelangen in einen Zustand, der am ehesten mit einem Traum- oder Phantasieleben vergleichbar ist. In ihrem traumähnlichen Dasein lebt und handelt die abgeschiedene Seele genauso, als würde sie sich noch auf der Erde befinden, da sie ihre Phantasiewelt für feste Realität hält. Dies liegt darin begründet, daß sich im Jenseits die innere Vorstellungs- und Gedankenwelt des Menschen in Form einer real wahrnehmbaren Außenwelt darstellt. Das heißt, ähnlich dem Phantasieleben unserer Träume gestaltet sich das menschliche Innenleben mit allen seinen Gedanken, Gefühlen, Neigungen und Vorstellungen im Jenseits zu einer äußeren Lebenssphäre oder Wohngegend.

Wie die Seele ihre jenseitige Umwelt vorfindet, hängt also entscheidend davon ab, wie ihr innerer Zustand bzw. Reifegrad beschaffen ist. Je unlauterer, eigenliebiger und böser das Denken und Streben einer Seele ist, um so lichtloser, karger und trostloser gestaltet sich ihre geistige Wohnwelt. Hat ein Mensch hier auf Erden sein Leben ohne jeden Glauben an Gott zugebracht und sich auch sonst nicht um die letzten Fragen des Lebens gekümmert, so stellt sich seine innere Glaubensfinsternis in der Erscheinlichkeit des jenseitigen Lebens als eine reale Außenfinsternis dar, aus der die Seele oft erst nach langer, langer Zeit, manchmal erst nach hundert oder sehr viel mehr Jahren wieder herausfindet.

Bei Lorber wird die naturmäßig-geistige Sphäre der unvollendeten Seelen ‚Mittelreich' genannt, weil dies die Region ist, wo jede abgeschiedene Seele zuerst hingelangt. Hier wird sie von himmlischen Geistern in all ihren Eigenschaften und Neigungen erforscht (Gerichtsakt der Enthüllung) und sodann in den ihr entsprechenden Seelenzustand (Gerichtsort) übergeführt. „Am besten kann dieses Reich einem großen Eintrittszimmer verglichen werden, wo alle ohne Unterschied des Standes und Ranges eintreten und sich dort zum ferneren Eintritt in die eigentlichen Gastgemächer gewisserart vorbereiten. – Denn niemand kommt entweder sogleich in den Himmel noch in die Hölle" (GS 2; 120,2.4).

Entsprechend der unterschiedlichen Seelenreife der dort ankommenden Seelen weist das Mittelreich drei Stufen oder Regionen auf. Jede Seele kommt gleich nach dem Leibestode zunächst in die mittlere Region, „in welcher sie geradeso fortlebt, wie sie auf Erden gelebt hatte; denn diese Region ist der Platz, wo die Geistwesenheiten entweder für den Himmel oder für die Hölle vorbereitet werden" (EM; 31,4). Die Seele bleibt in dieser Region keinesfalls sich selbst überlassen, sondern wird durch leitende Engelsgeister unbemerkt in solche Umstände und Lebensverhältnisse geführt, die ihr die Verkehrtheit und Sinnlosigkeit ihres Phantasie-Traumlebens vor Augen führt. Zu diesem Zweck werden die Dinge und Situationen so gelenkt, daß die negativen Bestrebungen der Seele in immer stärkerem Maße scheitern und zuletzt überhaupt nicht mehr gelingen. Erkennt die kranke Seele auf diese Weise das Fruchtlose ihres Tuns und entschließt sich, den weisen Belehrungen ihrer Schutzgeister zu folgen, so gelangt sie bald in lichtere und bessere Lebensumstände und kann, so sie im Herrn ihren alleinigen Helfer und Retter erkennt, alsbald in die dritte, oberste Stufe des Mittelreiches übergehen, wo sie dann schon fortwährend in Verbindung mit den reinen

Engelsgeistern lebt. Solcherart aufgestiegene Seelen bekommen in der obersten Region mannigfaltige Aufgaben übertragen. Ihre Haupttätigkeit besteht jedoch in der Belehrung der schon reineren Geister der beiden unteren Stufen des Mittelreiches sowie in der Leitung und Bewachung bestimmter ihnen anvertrauter Erdenmenschen. Somit ist dieser obere Teil des Mittelreiches auch der Aufenthaltsort der Schutzgeister des Menschen. Er ist darüberhinaus identisch mit jenem Zustand, den die Bibel als Paradies * bezeichnet, denn die Geister dieser Region bzw. dieses Entwicklungsgrades besitzen hier „alles, was immer ihr Herz in der Liebe zu Gott erfreuen kann" (EM; 28,8).

Freilich geschieht es auch, daß alle Bemühungen der leitenden Engelsgeister, die ungeläuterte Seele von ihrem selbstsüchtigen Denken und Wollen abzubringen, fruchtlos bleiben. In diesem Falle wird es zugelassen, daß die verstockte Seele das Ziel ihrer bösen Begierden erreicht und ihren irdischen Hauptleidenschaften bis zum Überdruß bzw. Ekel frönen kann. Allerdings führt diese Verstrickung in die niedere Welt der Begierden nicht zum erhofften Lustgewinn, sondern ganz im Gegenteil zu äußerst schmerzvollen Erfahrungen. Hält die hartnäckige Seele aufgrund ihrer Willensfreiheit an ihrem selbstsüchtigen und selbstherrlichen Phantasie-Traumleben fest, so bereitet sie sich stets peinvollere Erlebnisse und Lebenszustände. Dieser sogenannte Abödungsprozeß ist dann das einzige Mittel, die widergöttlichen Triebe aus der Seele hinauszuschaffen und sie doch noch für den Übergang in höhere Daseinsstufen zu befähigen.

Daß sich eine halsstarrige Seele in ihrem jenseitigen Traumleben aber auch höchst unglücklich entwickeln kann, davon zeugen die folgenden Worte des Herrn: „So jenseits

---

* Das Paradies darf also keineswegs mit den himmlischen Regionen verwechselt oder gleichgesetzt werden!

eine Seele in sich und also in ihrer Welt statt besser nur immer schlechter und böser wird, so wird natürlich im gleichen Maße auch ihre Scheinwelt und ihre Gesellschaft und Umgebung schlechter. So wie die Seele in sich wahrheitsloser und lichtloser wird, so wird desgleichen auch ihre Welt und ihre Umgebung, was sie sehr zu drücken und zu quälen beginnt. Mit der Steigerung der Qual steigt auch ihr Zorn und ihre Rachgier, und das ist dann schon der Eingang in die Hölle, und diese ist ein wahrer zweiter Tod der Seele, aus dem dann höchst schwer wieder herauszukommen ist" (GEJ 6; 65,5). Bis solch eine erzböse Seele durch mancherlei qualvolle Läuterungsmittel auch nur halbwegs zu einer Besserung gelangt, können nach den Worten Jesu mitunter endlos viele Jahre vergehen. Daher auch der eindringliche Rat des Herrn, die irdische Lebensschule mit allem Ernst zu nutzen: „Hier zählt eine Stunde mehr als im Jenseits tausend Jahre. Diese Worte schreibt euch tief ins Herz" (GEJ 6; 13,10).

Je nach dem, wie sich die Menschenseele im Mittelreich entfaltet, ob zum Guten oder zum Bösen, kommt sie entweder in den ersten Himmel oder die erste Hölle. Denn „der Himmel hat ebenso drei Grade, wie auch die Hölle drei Grade oder Stufen hat" (GEJ 7; 170,14). In den dritten und höchsten Himmel jedoch, den sogenannten Liebehimmel (Paulus erwähnt ihn im 2. Korintherbrief 12,2), gelangen nur solche Seelen, die den Herrn schon hier auf Erden mit dem vollsten Eifer ihres Herzens gesucht und über alles geliebt haben. Dazu der Herr: „Auch jenseits wird den Geistern aller Weltteile das Evangelium gepredigt. Seid aber hier darum dennoch voll Eifers; denn die rechte Kindschaft Gottes für Meinen innersten und reinsten Liebehimmel wird nur von der Erde aus zu erlangen sein! Für den ersten und auch zweiten Himmel kann noch jenseits Sorge getragen werden" (GEJ 4; 247,9). Die erst nach ihrem Erdenleben geläuterten Weltkinder werden geistige Bewohner jener Welten verbleiben, in denen sie nachirdisch geläutert wurden. „Aber in des ewigen Vaters Hause, in des allerhöchsten Himmels Mitte werden sie nimmer aus und ein gehen wie Meine wahren Kinder, die mit Mir die ganze Unendlichkeit richten werden ewigfort“ (GEJ 5; 111,2).

Einem befreundeten Römer gab Jesus einst zu verstehen, daß sich der Erdenmensch von den endlosen Herrlichkeiten der Himmel Gottes nicht den leisesten Begriff machen kann: „Würde Ich dich nur einen Augenblick im Geiste dahin versetzen, so könntest du nicht mehr auf dieser Erde leben; denn die zu unbeschreibbar große Anmut der Himmel, das Licht, die Freundlichkeit und des Lebens höchstes Wohlgefühl würde dein Fleisch in einem Augenblicke vernichten und die Sinne deiner Seele derart ermatten und betäuben, daß sie selbst dahinfiele und lange wie tot und völlig bewußtlos daläge. Ich müßte ihr dann die Erinnerung des Geschauten und Empfundenen völlig wegnehmen, ansonst für sie eine Existenz irgend außer den Himmeln nicht mehr denkbar möglich wäre. Darum muß aber auch eine jede Seele von Stufe zu Stufe geleitet und geführt werden und muß pur und lauter werden wie reinstes Gold, auf daß sie fähig wird, in die endlosen Freuden der Himmel Gottes einzugehen“ (GEJ 8; 106, 11).

Auf die Frage, wo man sich die Örtlichkeit von Himmel und Hölle zu denken hat, gibt der Herr folgende aufschlußreiche Erläuterung: „Meine Himmel befinden sich überall, wo es fromme, reine und gute Menschen und Geister gibt. Dieser ganze sichtbare Raum, der nirgends ein Ende hat, ist der Himmel ohne Ende und Anfang, aber nur für gute Menschen und Geister. Wo aber böse Menschen und Geister hausen, da ist dieser Raum kein Himmel, sondern die Hölle, die in dieser Welt die Materie darstellt ... Es halten sich alle bösen Geister denn auch zumeist in der Materie dieser Erde auf; die guten und reinen Geister aber bewohnen für beständig nur die reinen Lichträume des freien Ätherraumes“ (GEJ 7; 169,8-9). Die drei Stufen des Mittelreiches befinden sich nach den Kundgaben der Neuoffenbarung in den Luftregionen der Erde.

Mit vorstehender Beschreibung vermittelt uns der Herr eine rein raumörtliche Orientierung des Geisterreiches. Denn sämtliche Stufen des weiten Jenseitsreiches befinden sich in dem gleichen dreidimensionalen, unendlichen Raum, in dem sich auch unser materielles Universum befindet, da es nur diesen einen nach allen Richtungen hin unendlichen und ewigen Raum gibt.

Rein geistig betrachtet, sind Himmel und Hölle jedoch keine bestimmten Örtlichkeiten, sondern geistige Zustände der Seele. Aus dem Munde Jesu hören wir dazu folgende Erklärung: „Durch dein Herz wirst du nach dem Tode deines Leibes hinaustreten in den endlosen Gottesraum, und nach der Art deines Herzens wirst du ihn entweder als Himmel oder als Hölle antreffen! Denn es gibt nirgends einen eigens geschaffenen Himmel, noch irgendeine eigens geschaffene Hölle, sondern alles das kommt aus dem Herzen des Menschen; und so bereitet sich ein jeder Mensch im Herzen, je nachdem er Gutes tut oder Böses, entweder den Himmel oder die Hölle“ (GEJ 2; 8,6-7). „Mein Reich ist daher in eines jeden Menschen kleines Herz gelegt. Wer da hineinkommen will, muß also in sein eigenes Herz eingehen und sich da ein Plätzchen der Ruhe gründen, die da heißt Demut, Liebe und Zufriedenheit. Ist er damit in der Ordnung, ist auch sein Glück für ewig gemacht. Er wird dann bald sehr viel mehr finden, als er je erwartet hatte. – Ein Herz voll Liebe zu Mir und zu den Brüdern und Schwestern, sowie ein tätigkeitslustiger und tätigkeitsvoller Sinn, das wird jedem von euch die wahre, ewige Seligkeit begründen. So sollt ihr euch Meine Himmel auch nicht irgendwo als recht weit entfernt vorstellen, sondern ganz nahe. Der ganze Weg beträgt höchstens drei Spannen Maß: die Entfernung vom Kopf bis ins Zentrum des Herzens! Habt ihr diese kleine Strecke zurückgelegt, so seid ihr auch schon drinnen. Denkt ja nicht, daß wir etwa eine Auffahrt über alle Sterne hinauf und hinaus machen werden, sondern eine Niederfahrt nur in unser Herz. Da werden wir unsere Himmel und das wahre, ewige Leben finden!“ (HH 2; 278, 4-6) „Ein jeder trägt den eigenen Himmel und die eigene Geisterwelt in sich, deren Form sich allezeit nach der Art der Liebe richten wird, die in ihm ist, und nach den Werken, die aus ihr hervorgegangen sind“ (GS 2; 124,16).

Angesichts dieser unvergleichlichen Eröffnungen Jesu über das wahre Wesen des Himmels wird es auch sonnenklar, warum es in Luk.17,21 heißen muß: „Denn sehet, das Reich Gottes ist inwendig in euch.“ Luther übersetzte dies völlig zutreffend. Die neueren Übersetzungen, in denen es heißt: „Das Reich Gottes ist mitten unter euch“, verfehlen den tiefen Sinn dieser Textstelle in verhängnisvoller Weise. „Denn welcher Mensch das Reich Gottes nicht in sich hat“, so Jesus, „für den besteht es auch ewighin in der ganzen Unendlichkeit nicht und nirgends“ (GEJ 7; 195,14).

Ebenso wie im Menschen durch die werktätige Befolgung des Evangeliums das Himmelreich entsteht, so trägt der Mensch auch die Hölle in sich, wenn er nach ihren Prinzipien handelt. Dazu Jesus: „Ihre Prinzipien aber sind Herrschsucht, Eigenliebe und Selbstsucht. Diese drei sind den himmlischen Prinzipien gerade entgegen, welche da sind Demut, Liebe zu Gott und Liebe zum Nächsten“ (GS 2; 118,2). „Und so braucht auch niemand zu fragen: Wie sieht es im Himmel und wie in der Hölle aus, sondern ein jeder betrachte die eigene Polarität, und er wird es genau sehen, wie es entweder in der Hölle oder im Himmel aussieht. Denn es gibt nirgends einen Ort, der Himmel oder Hölle heißt, sondern alles das ist ein jeder Mensch selbst“ (GS 2; 118,11-12). „Siehe, wie der Himmel allenthalben ist, wo es gute und Mir liebe und wohlgefällige Menschen gibt, so ist auch die Hölle überall, wo es Gottesverächter, Feinde alles Guten und Wahren, Lügner, Betrüger, arge Diebe, Räuber, Mörder, Geizige, weltehrsüchtige Herrschgier und arge, lieblose Hurer und Ehebrecher gibt.

Willst du wissen, wie es in einer solchen Hölle aussieht, so betrachte nur das Gemüt, die arge Liebe und den bösesten Willen eines solchen Menschen, in dem die Hölle waltet, und du wirst daraus leicht innewerden, wie es in der Hölle, die eben ein Werk von derlei Menschen ist, aussieht!

In der Hölle will ein jeder der Erste, der höchste und unumschränkteste Herrscher und Gebieter sein, die höchste Gewalt und Macht haben, alles besitzen, und alle sollen ihm gehorchen und für ihn arbeiten um den schlechtesten Lohn" (GEJ 10; 110,10-12).

„Es denke aber von euch ja niemand, als hätte Ich dereinst auch die Hölle erschaffen! Das sei ferne von Mir! Auch denket euch nicht, als sei sie ein Ort zur ewigen Bestrafung der Übeltäter dieser Erde! Sie hat sich von selbst gebildet aus jenen gar vielen Menschenseelen, die auf dieser Erde im Fleische jeder göttlichen Offenbarung Hohn sprachen, Gott leugneten, nur taten, was ihrer äußeren Sinnlichkeit behagte ..." (GEJ 6; 240,1). „Da aber die Gottheit allein das wahre Leben und auch das Licht allen Lichtes ist und sonach auch die alleinige vollste Seligkeit aller Wesen, – so ist es auch wohl erklärlich, daß ein gottloser Zustand durchaus nichts Angenehmes an sich haben kann, – da es ohne Gott kein Leben, kein Licht, kein Wahres und kein Gutes geben kann!" (HH 1; 30,8)

In den prophetischen Schilderungen Swedenborgs, Lorbers und auch Seltmanns stellen sich die höllischen Seelenzustände im Jenseits denn auch übereinstimmend als schreckliche und trostlose Örtlichkeiten dar, wo ewige Dämmerung oder auch undurchdringliche Finsternis herrscht. Die Landschaftsbilder sind geprägt von Einöden, Wüsten und Sümpfen, die keinerlei Vegetation aufweisen und allenthalben in Kälte und Nebel gehüllt sind. Verfallene Häuser und elende Hütten, die nur hie und da vom rotglühenden Schein des gegenseitigen Hasses und der Rachgier in ein fades Licht getaucht werden, bilden die traurigen Behausungen der Höllenbewohner.

Eine Besserung solch kranker Seelen kann nur dadurch erreicht werden, wenn sie von ihresgleichen so lange gedemütigt und gepeinigt werden, bis sie die Aussichtslosigkeit ihres höllischen Trachtens erkennen und allmählich von ihren Bosheiten ablassen. Da die Hölle ein Zustand ist, in den sich die Menschenseele selbstgewählt durch die Mißachtung der göttlichen Lebensregeln versetzt, gehört sie der Hölle auch nur so lange an, wie sie sich in ihrem Denken und Handeln nach ihren Grundsätzen ausrichtet. Die Vorstellung von einer ewigen Verdammnis findet daher in der Neuoffenbarung keine Bejahung. Überdies ist sie mit dem Wortlaut der Bibel auch gar nicht vereinbar, denn beim Propheten Jeremia heißt es klipp und klar: „Der Herr verstößt nicht ewiglich" (3,31), und die Psalmen lehren uns, daß die Gnade und Güte des Herrn ewig währt (100,5; 106,1; 107), und er nicht für immer an seinem Zorn festhält (103,9). Desgleichen lesen wir im Propheten Micha: „Wo ist solch ein Gott, wie du bist, der die Sünde vergibt und der an seinem Zorn nicht ewig festhält, denn er ist barmherzig" (7,18)! Und im ersten Johannesbrief steht geschrieben: „Wenn wir aber unsre Sünden bekennen, so ist er treu und gerecht, daß er uns die Sünden vergibt und reinigt uns von aller Untugend" (1,9).

Über die gänzlich falsche Vorstellung von einem unversöhnlichen Gott sagt der Herr durch Jakob Lorber: „O ihr Narren! Gibt es wohl einen Vater von nur einiger Liebe zu seinen Kindern, der ein Kind, das gegen sein Gebot einen Fehler beging, auf lebenslänglich in einen Kerker werfen ließe und es dazu noch züchtigen lassen möchte alle Tage, solange es lebte?! Wenn aber das ein menschlicher Vater nicht tun wird, der im Grunde als Mensch doch schlecht ist, um wieviel weniger wird das der Vater im Himmel tun, der die ewige und purste Liebe und Güte Selbst ist!" (GEJ 6; 243,9) „Ist denn nicht ‚Gefängnis' und ‚Gefangenschaft' zweierlei? Das Gefängnis ist und bleibt freilich ewig, und das Feuer Meines Eifers darf nimmer erlöschen. Aber die Gefangenen bleiben nur so lange im Gefängnis, bis sie sich bekehrt und gebessert haben. – Das Laster als Widerordnung ist wahrlich ewig verdammt, aber der Lasterhafte nur so lange, als er sich im Laster befindet! Also gibt es auch in Wahrheit eine ewige Hölle, aber keinen Geist, der seiner Laster wegen ewig zur Hölle verdammt wäre, sondern nur bis zu seiner Besserung!" (HH 2; 226,11-12)

Die bisherigen Ausführungen über das jenseitige Fortleben der Seele machen deutlich, daß es eine Auferstehung des Fleisches im Sinne einer Wiederbelebung der irdischen Leiber niemals geben wird. Die katholische Kirche, die lange an der Lehre von der Auferstehung des Fleisches festgehalten hat, ist davon inzwischen abgerückt. Lediglich einige Sekten halten nach wie vor an dieser seltsamen Vorstellung fest. Die Bibel indes spricht nie von der Auferstehung des Fleisches, sondern immer nur von der Auferstehung der Toten. Und diese geschieht nicht an einem allgemeinen jüngsten Tage des Gerichts, sondern in dem Moment, da der Mensch nach seinem letzten Atemzug das Tor zum Jenseits durchschreitet. „Wer demnach Meine Lehre hört, an Mich glaubt und danach tut", so der Herr, „den werde Ich Selbst auferwecken an seinem jüngsten Tage, der sogleich nach dem Austritte der Seele aus diesem Leibe erfolgen wird, und zwar also, daß da die Kürze der Umwandlungszeit niemand merken wird" (GEJ 6; 54,11). Dieser Tag ist demzufolge kein irdischer Tag, sondern ein geistiger im Jenseits. Für alle jene, die Jesus und seine Worte auf Erden verachtet haben, ist dieser Tag ein Tag des Gerichts, für die Nachfolger des Herrn aber ein Tag der Auferstehung zum ewigen Leben.

Darum heißt es schon hier auf Erden, dem „Himmelreich Gewalt anzutun", wie Jesus sich ausdrückt (Matth.11,12; Luk.16,16). Darunter ist zu verstehen „die rechte Mühe und Kräfteanstrengung, die ein jeder Mensch dem Reiche Gottes antun muß, um es sich vollständig zu eigen zu machen", erläutert uns der Herr durch Lorber. „Darum wird der, welcher um Meinetwillen viel tun und viele Tatenopfer bringen wird, auch viel vom Reiche Gottes überkommen“ (GEJ 8; 105,1.6). „Daher seid alle *hier* bestrebsam, und lasset euch nicht blenden von den Schätzen dieser Welt, die da vergehen werden wie die Materie dieser ganzen sichtbaren Schöpfung; sammelt euch aber dafür desto mehr der geistigen Schätze (vergl. Matth.6,20: Schätze für den Himmel; d.Vf.), die für die ganze Ewigkeit dauern werden! Seid kluge Wirte und Haushalter im Hause eures Herzens; je mehr der Geistesschätze ihr durch allerlei gute Werke darin aufspeichern werdet, desto besser wird es euch drüben ergehen! Wer aber hier karget und filzet, der wird sich's dereinst nur selbst zuzuschreiben haben, wenn er seine Herzensvorratskammern nahezu völlig leer antreffen wird. Hier ist's leicht sammeln; denn hier wird alles, was hier jemand tut im guten Willen aus Liebe zu Gott und zum Nächsten, als barstes und reinstes Gold angenommen; – jenseits aber werdet ihr nur aus dem Edelsten das Edle in euch selbst erzeugen können, und dies wird noch schwerer sein, als hier aus den gemeinsten Kieseln Gold zu machen. Wer aber durch seine edlen und guten Werke hier schon eine Masse und große Menge Goldes erzeugt hat, der wird jenseits keinen Mangel daran haben; denn aus einem Sandkorne dieses geistig edlen Metalls wird jenseits ein weltengroßer Klumpen, und das gibt schon einen großen Vorrat“ (GEJ 4; 96,5-7).

Eine rechte und wahre Wohltätigkeit vor Gott ist aber nur die, die im Verborgenen geschieht. Dies gilt es nach den Worten des Herrn besonders zu beachten. Jesus: „Daher sollet ihr, Meine Lieben, nicht handeln, wie die Kinder der Hölle tun, sondern eure Gabe sei von niemandem gesehen als von Mir, von den Armen und von euch. Und jeder gebe reichlich nach dem Verhältnisse seines Vermögens! Denn wahrlich, wahrlich sage Ich euch: Ihr werdet um einen Pfennig eine Erde und um einen Trunk lebendigen Wassers eine Sonne bekommen und werdet daselbst Fürsten sein! – So ihr es aber tun werdet aus reiner Liebe zu Mir, da, Freunde, sage Ich euch nichts als das: Fürs erste wird keiner den Tod je sehen, noch fühlen schon in seinem Leibesleben; denn sein süßes Sterben wird ein gar großes Erwachen sein in den Armen seines heiligsten Vaters. Und was, fürs zweite, dann heißen wird: ‚ein Freund Gottes zu sein ewig' – das, Freunde – o bedenket, *Wer* euch Seine Freunde nennt – das könnet ihr nicht fassen!" (Hi 1; S.48).

Hier auf Erden angehäufter Reichtum aber, der nicht zum Wohle der Bedürftigen verwaltet worden ist, wird nach den Worten Jesu jenseits zu einer großen und kaum übersteigbaren Scheidewand zwischen der lieblosen Seele und dem Reiche Gottes.

Da die Kundgaben über die Lebenszustände im Jenseits, die uns Jesus durch seinen Schreibknecht Lorber übermittelt hat, außerordentlich umfangreich sind, kann die vorliegende Darstellung nicht mehr sein als eine erste Erörterung der allerwichtigsten Aspekte. Zahlreiche Fragen sind dabei zwangsläufig unberücksichtigt geblieben. Die eingangs gestellte Frage, ob es drüben ein Wiedersehen mit Freunden und Verwandten gibt, sei hier aber dennoch kurz beantwortet. Und zwar kann sie grundsätzlich bejaht werden, da alle Menschen, die hier auf Erden einander in Liebe zugetan waren, auch im Jenseits nicht an ihrer Liebe gehindert werden. Nur verhält es sich so, daß die noch unlauteren und unverständigen Seelen oft sehr lange warten müssen bis sie ihre Angehörigen zu Gesicht bekommen, denn Gottesferne manifestiert sich jenseits immer in einem Zustand mehr oder weniger starker Finsternis. Darum kann eine Seele, die in ihrer verfinsterten Traumwelt beharrt, ihre Angehörigen auch erst dann erblicken, wenn sie die Belehrungen ihrer leitenden Engel befolgt und damit in lichtere Verhältnisse gelangt.

Darüberhinaus kann aber auch ein jeder, der hier auf Erden im rechten Glauben steht und mit den Verhältnissen im Jenseits vertraut ist, den Verstorbenen ein Helfer sein. Und zwar dadurch, daß er für ihn betet. Wie dies zum rechten Nutzen der Abgeschiedenen zu geschehen hat, darüber belehrt uns der Herr wie folgt: „Ich Selbst biete euch diese Gelegenheit, damit ihr auch euren abgeschiedenen Brüdern und Schwestern wahrhaft nützlich werden könnet. Aber wie sollt ihr für sie denn beten? Das geht ganz leicht! Ihr sollt bei euren Gebeten nicht etwa der Meinung sein, als möchtet ihr Mich dadurch zu einer größeren Erbarmung bewegen, da Ich wahrlich Selbst endlos barmherziger bin denn alle besten und liebevollsten Menschen der ganzen Welt zusammengenommen, sondern traget ihnen gläubig und aus dem wahren Liebegrunde eures Herzens, eben im Herzen, das Evangelium vor, und sie werden es vernehmen und sich auch danach richten! – Dadurch bildet sich um sie ein gewisser Lebensätherstoff, in dem sie wie in einem Spiegel ihre Mängel und Gebrechen erkennen, sich bessern und dadurch leichter zum Lebenslichte emporkommen“ (GEJ 8; 38,2-4.1).

Was die schon gereifteren und vollkommeneren Seelen anbetrifft, so steht in ihren Sphären einem ungehinderten Verkehr mit ihren Lieben, die ihnen im Erdenleben nahegestanden haben, nichts mehr im Wege. Für die völlig wiedergeborenen Seelen gibt es ohnehin keinerlei Beschränkung mehr, da sie befähigt sind, die gesamte Schöpfung zu überschauen.

Eine kurze Bemerkung noch zur Reinkarnationslehre, der Lehre von der wiederholten Wiederverkörperung der Seele in verschiedenen Erdenleben, auch Seelenwanderungslehre genannt. Durch zahlreiche Hypnose-Experimente ist sie in den letzten Jahren immer wieder in die Schlagzeilen der Sensationspresse geraten. Zwei von zehn Bundesbürgern glaubten einer Umfrage zufolge, daß sie nach ihrem Tode noch einmal auf die Welt kommen würden. Den prophetischen Kundgaben Lorbers können wir entnehmen, daß jede Menschenseele in der Regel nur ein einziges Mal auf Erden geboren wird. Zwar sind eine oder sogar mehrere Reinkarnationen möglich und kommen auch hin und wieder vor, doch stellen sie die seltene Ausnahme von der rein jenseitigen Weiterentwicklung der Seele dar. Das hohe Ziel des Menschenlebens ist einzig und allein die Wiedergeburt der Seele bzw. des Geistes und nicht die körperliche Wiedergeburt.

Abschließend sei noch vor dem Versuch gewarnt, mittels okkulter Praktiken mit Verstorbenen Kontakt aufzunehmen. Wer glaubt, im Spiritismus die Geheimnisse des Todes und der Toten enthüllen zu können, der begibt sich in eine gefährliche und nicht zu unterschätzende Abhängigkeit von dämonischen Mächten. Die Bibel verbietet jegliche Form der Magie und Geisterbeschwörung und nennt sie ein Greuel vor Gott (Jes.8,19-20; 5.Mos.18,10-14). Der Mensch soll allein auf das hören, was ihm Gott durch das prophetische Wort offenbart. In diesem Sinne erteilen auch die Neuoffenbarungen allen okkulten Praktiken eine klare Absage.

TEIL 3

Das kommende Weltgericht und die Wiederkunft Jesu

„Sie suchen alle das Ihre, und nicht, was Jesu Christi ist“, beklagt sich Paulus in seinem Brief an die Philipper (2,21). Seine Worte charakterisieren sehr treffend auch den Zeitgeist unserer Tage. Denn wer nimmt heutzutage noch Kenntnis von den Richtlinien des Evangeliums? Für immer mehr Menschen ist der biblische Gott längst tot. Dafür aber wächst die Zahl der Selbstgerechten, jener Menschen, die meinen, keines Erlösers zu bedürfen. Mammongier und Vergnügungssucht heißen die Götter, an die sie glauben. Sie haben sich dafür entschieden, sich ein Leben nach ihrer Weise zu schaffen, außerhalb der Gebote Gottes. Die Welt ist nur noch dazu da, ihre diversen Begehrlichkeiten zu befriedigen, und der Sinn des Lebens erschöpft sich darin, seinen Spaß zu haben. Die trügerischen Verheißungen der Welt sind dem heutigen Menschen ungleich wertvoller als der Heilszuspruch Gottes.

Der Geltungsschwund christlicher Normen und die damit einhergehende Leugnung transzendenter Wahrheiten hat auch vor den Kirchen nicht haltgemacht. Wohl hat man sich der prophetischen Stimme konsequent verschlossen, dafür ist man auf der anderen Seite aber um so toleranter, wenn es darum geht, dem Ungeist des Glaubenszweifels die Tore zu öffnen. Atheisten im geistlichen Gewande geben innerhalb und außerhalb der Kirche immer häufiger den Ton an, und immer weniger Christen scheuen sich, ihnen ihr Ohr zu leihen. Dabei scheint es überhaupt keine Rolle mehr zu spielen, daß grundlegende Aussagen der Heiligen Schrift geleugnet oder in ihr Gegenteil verkehrt werden. Stimmen, die die Existenz Gottes, die Göttlichkeit Jesu oder die Verbindlichkeit der Gebote in Frage stellen, haben heutzutage Hochkonjunktur. Der Glaubensabfall ist in vollem Gange, und das Christentum wird immer substanzloser. Man ist im Begriff, den lebendigen Gott und sein Wort aus der Mitte des Gemeindelebens zu verdrängen und an seine Stelle den Menschen zu setzen, der sich in seiner Vermessenheit nun zum Zensor darüber aufwirft, was an der biblischen Botschaft noch Gültigkeit besitzen soll und was nicht. Auf diese Art macht sich der Mensch selbst zum Maß aller Dinge und erhebt sich dabei in verhängnisvoller Weise über seinen Schöpfer.

Dahinter steht das erschreckende Bild vom autonomen Menschen, der sein eigener Herr sein will und keine Autorität über sich duldet, der sich niemandem zu verdanken hat und nur sich selbst verantwortlich ist. Genau dies aber ist die prometheische Geisteshaltung des Antichristen, über dessen Auftreten der Apostel Paulus so präzise Angaben macht. Er weissagt, daß der Antichrist in dieser letzten Zeit vor dem Wiederkommen Christi viele verführen wird, die die Liebe zur Wahrheit nicht angenommen haben (2.Thess. 2). Wörtlich heißt es: „Lasset euch von niemand verführen in keinerlei Weise; denn der Herr kommt nicht, es sei denn, daß zuvor der Abfall komme und offenbart werde der Mensch der Sünde, der Sohn des Verderbens, der da ist der Widersacher und sich überhebt über alles, was Gott oder Gottesdienst heißt, so daß er sich setzt in den Tempel Gottes und vorgibt, er sei Gott" (2.Thess.2,3-4).

Wer sich heute wachen Auges in der Welt umschaut, der kann nicht übersehen, daß sich die paulinische Vision von der Herrschaft des Antichristen (als Sinnbild der widergöttlichen Geisteshaltung) in beängstigender Weise erfüllt hat. Der Geist des Widersachers ist heute allgegenwärtig und führt seinen Kampf gegen die Ordnung Gottes auf allen Gebieten: In der Religion und Politik, in der Philosophie und Kunst, in Wirtschaft, Wissenschaft und Technik. Der unheilvolle Einfluß des prometheischen Widergeistes durchdringt alle Bereiche des menschlichen Lebens. Der Tempel, den er in Besitz genommen hat und von dem aus er die Welt regiert, ist das Herz des Menschen.

Die Neuoffenbarungen zeichnen ein düsteres Bild von den Zuständen der Endzeit und der Geisteshaltung des industriellen Menschen. Unser Zeitalter wird darin als eine überwiegend glaubenslose Epoche beschrieben, in der die Menschen nur noch allerlei gewinnbringende Industrie betreiben und sich um die Lehre Jesu nicht mehr bekümmern (GEJ 9; 40,6). Schonungslos führt uns der Herr in den Kundgaben Lorbers den wahren Charakter industriellen Handelns vor Augen. Er läßt keinen Zweifel daran, daß eine Wirtschaftsordnung, die auf den alleinigen Grundprinzipien der Gewinnmaximierung und der Umsatzsteigerung beruht, mit der Lehre des Evangeliums nicht vereinbar ist: „Siehe an die sogenannte Industrie, dieses arge Zeichen dieser Zeit! Sie ist die Seele alles Wuchers, die Unterdrückung aller Nächstenliebe und der letzte, breiteste Weg zur Hölle“ (Hi 2;S.20). „Es wird wohl die Industrie dieser Welt fleißigst betrieben, um schneller den Geist zu ertöten und möglicherweise auch ganz zu vernichten die ohnehin kärgliche Aussaat des Samens zum ewigen Leben!“ – „O dafür aber verkümmern die Herzen der Menschen, die einzig alleinigen Wohnungen Gottes auf Erden!“ (Hi 2; S.367) „Ja, die Weltmenschen verstehen es wohl recht, den materiellen Boden der Erde gleich den Schweinen zu durchwühlen ... aber das Erdreich des Geistes, des ewigen Lebens, lassen sie gleichfort brachliegen und kümmern sich wenig darum“ (GEJ 4; 236,4-5). „Denn ihr Sinn ist die Welt, alles andere aber, was sie vorgeben, ist Lüge. Sie leben nicht nach dem Worte, auf daß ihnen das ewige Leben würde“ (Hi 2; S.350).

Der moderne Mensch hat die Fühlungnahme zum Göttlichen verloren und darüber vergessen, daß die Bestimmung des irdischen Lebens über das Zeitliche und Sichtbare hinausgeht. Herausgelöst aus religiösen Bindungen hofft er nun mit Hilfe von Wissenschaft und Technik die Verwirklichung des Paradieses auf Erden zu erreichen. Mehr noch: Aufgrund seiner wissenschaftlich-technischen Fähigkeiten sieht er sich nicht länger in der Rolle des Geschöpfes, sondern er bildet sich ein, selbst Herr über die Natur zu sein. Jesus hatte den Siegeszug der Wissenschaften, aber auch deren Glaubensleere, schon in seinen Erdenzeiten vorausgesehen, als er seinen Jüngern prophezeite: „In jenen Zeiten werden es die Menschen größtenteils durch das unermüdliche Forschen und Rechnen unter den Zweigen und weit ausgebreiteten Ästen des Baumes der Erkenntnis in vielen Wissenschaften und Künsten sehr weit bringen und werden mit allen in der Natur der Erde jetzt den Menschen noch ganz verborgenen Kräften Wunderbares zustande bringen und werden auch sagen: ‚Sehet, das ist Gott, – sonst gibt es keinen!'" (GEJ 9; 89,1)

Gleichzeitig warnte Jesus aber auch davor, die Erkenntnisse der Wissenschaften in den Sold dämonischer Kräfte zu stellen: „Werden die großen (durch fortschreitende Naturbeherrschung errungenen; d.Vf.) Vorteile, in die euch mit der Zeit Mein Geist leiten wird, in Meiner Ordnung verwendet, so werden sie euch eine tausendfache Segnung in allem bringen; werdet ihr sie aber mit der Zeit wider Meine Ordnung selbstsüchtig zu gebrauchen anfangen, so werden sie für die Menschen zu Brutstätten alles erdenklichen irdischen Unheils werden" (GEJ 4; 225,5). „Denn bei einem gottlosen Herzen ist die Wissenschaft eine wahre Leuchte zum Bösen aller Art und Gattung" (GEJ 3; 175,4).

Leider hat der industrielle Mensch den letzteren Weg beschritten. Er hat sich nicht als kluger Verwalter der ihm von Gott anvertrauten Schöpfung erwiesen. Wissenschaft und Technik haben mit ihren Entdeckungen und Erfindungen den Menschen in ihren Bann gezogen und alle höheren, geistig-religiösen Werte verdrängt. In dem Maße, wie den Fortschrittsideen unserer Maschinenkultur gehuldigt wurde, wuchs auch die Glaubens- und Lieblosigkeit unter den Menschen. Schrankenloses Wirtschaftswachstum und unbegrenzter Konsum sind zu den alles bestimmenden Steuerungsprinzipien unserer maßlosen und gottfernen Welt geworden. Der Bürger des 20. Jahrhunderts hat die Maschine und den Computer zu seinen Gottheiten erhoben und sich selbst zu ihren Sklaven gemacht.

Der große Denker und Psychoanalytiker Erich Fromm schrieb über die geistige Verblendung unseres Zeitalters: „Die industrielle Gesellschaft verachtet die Natur ebenso wie alles, was nicht von Maschinen hergestellt worden ist ... Die Menschen sind heutzutage fasziniert vom Mechanischen, von der mächtigen Maschine, vom Leblosen und in zunehmendem Maße von der Zerstörung.“ Und er hob hervor, „daß die von unserem sozio-ökonomischen System, das heißt von unserer Lebensweise geprägten Charakterzüge pathogen sind und schließlich den Menschen krank machen“.[38]

Schon der alttestamentliche Prophet Daniel hat in seiner Schau von den vier Weltzeitaltern von der geistigen Entartung unserer Weltepoche geweissagt. Er beschrieb sie treffend als eisernes Zeitalter (Tier), das alle Länder fressen, zertreten und zermalmen würde (Dan.7,19.23). Unschwer läßt sich in dieser bedrückenden Vision der industrielle Mensch wiedererkennen, der ohne Rücksicht auf nachfolgende Generationen seine natürlichen Daseinsgrundlagen zerstört und vergiftet – und nun nicht einmal mehr davor zurückschreckt, sich an den Grundbausteinen der belebten und unbelebten Schöpfung zu vergreifen (Gen- und Nukleartechnik).

Doch wo der Mensch Gott die Gefolgschaft verweigert und seine Ordnung mit Füßen tritt, da fehlt der Segen, da führt der Weg unweigerlich ins Verderben. Das Zeitalter ohne Gott ist an einem Wendepunkt angelangt. Es beginnt zu ernten, was es in seiner luziferischen Selbstherrlichkeit gesät hat. Wir alle bekommen dies in zunehmendem Maße zu spüren. Eine weltweit galoppierende Umweltzerstörung, eine sich abzeichnende Klimakatastrophe, die schleichende und unaufhaltsame Vergiftung der gesamten Biosphäre und damit unserer Ernährungsgrundlagen durch chemische und radioaktive Rückstände etc. signalisieren den nahen Untergang unseres von Materialismus und Atheismus gekennzeichneten Zeitalters.

Die nachstehenden eindringlichen Warnungen und Mahnungen des Herrn zeigen uns, daß ein drohendes Weltgericht von apokalyptischen Ausmaßen unabwendbar ist, wenn die Menschheit von ihrem ehrfurchtslosen und dämonischen Treiben nicht Abstand nimmt: „Wenn mit der natürlich zunehmenden Geschicklichkeit der Menschen auch ihre Selbstsucht, Habgier und Herrschsucht zunehmen wird und also die Verfinsterung der Menschengemüter, dann natürlich können davon auch die schlimmen Folgen nicht unterm Wege bleiben“ (GEJ 5; 108,6). „In den Erfindungen von allerlei der Menschen Hände überflüssig machenden Maschinen, in der Förderung der Industrie und in der Aufstellung großer Kriegsmächte wirkt der Heilige Geist ewig nie! Denn all dergleichen war auch vor der Sündflut zu Noahs Zeiten gang und gäbe durch die Wirkung des Weltgeistes, welcher ist der Teufel in seiner Gesamtheit. Also ging es auch zu in Sodom und Gomorrha und in Babel. Wer aber wird da behaupten wollen, als hätte solches der Heilige Geist gewirkt? Also folgte denn auch auf solche dem Heiligen Geiste schnurgerade zuwiderlaufende Handlungsweise allzeit ein mächtiges Gericht; ein gleiches Ich auch jetzt schon in der Bereitschaft halte, um daraus zu zeigen, daß Mein Heiliger Geist in der jetzigen Handlungsweise der Welt durchaus nirgends zugegen ist“ (Schrft. 19,17-18). „So Ich zum andern Male auf diese Erde kommen werde, um Gericht zu halten über all die toten Epikureer (Genußmenschen; d.Vf.), dann soll Mir die Erde mit keinem Maßstabe mehr zu jemandes Nutzen vermessen werden, sondern da man stehen wird, da wird man auch ernten und seine Bedürfnisse befriedigen können; und die Menschen werden einander wohl unterstützen, aber keiner wird sagen: ‚Siehe, das ist mein Eigentum und ich bin darüber ein Herr!‘ Denn dann werden die Menschen einsehen, daß Ich allein der Herr bin, sie alle aber sind Brüder und Schwestern." (GEJ 8; 182,4).

Von welcher Art die mächtigen Gottesgerichte sein werden, darüber sagen uns die nachfolgenden Textstellen Näheres. Jesus: „Wenn aber auch die Zahl der Reinen und Guten wie zu den Zeiten Noahs sich sehr verringern wird, dann soll die Erde abermals beschickt werden mit einem allgemeinen Gerichte, in welchem weder der Menschen noch der Tiere, noch der Pflanzen geschont wird. Es werden da den stolzen Menschen nichts mehr nützen ihre feuer- und todspeienden Waffen; denn es wird ein Feind aus den Lüften angefahren kommen und wird sie alle verderben, die da allzeit Übles getan haben. Das wird sein eine wahre Krämer- und Wechslerzeit. Aber was Ich erst jüngsthin einmal zu Jerusalem im Tempel den Wechslern und Taubenkrämern tat, das werde Ich dann im Großen tun auf der ganzen Erde und werde zerstören alle die Kramläden und Wechselbuden (die internationale Finanzwirtschaft; d.Vf.) durch den Feind, den Ich aus den weiten Lufträumen der Erde zusenden werde wie einen dahinzuckenden Blitz mit großem Getöse und Gekrache. Wahrlich, gegen den werden vergeblich kämpfen alle die Heere der Erde; aber Meinen wenigen Freunden wird der große, unbesiegbare Feind kein Leids tun und wird sie verschonen für eine ganz neue Pflanzschule, aus der neue und bessere Menschen hervorgehen werden! Fasset dieses wohl! Denket aber ja nicht, daß Ich das alles also haben wolle, und es wäre darum etwa das alles schon also bestimmt! Das alles sei ferne von Mir und euch" (GEJ 5; 108,2-4).

Es ist vielfach gerätselt worden, was Jesus mit dem Feind aus den Lüften konkret gemeint hat. Entscheidende Hinweise zur Lösung dieser Frage liefern uns Weissagungen aus jüngerer Zeit. Aus ihnen geht klar hervor, daß es sich bei dieser speziellen Gerichtsankündigung um eine kosmische Katastrophe handelt, die durch den Zusammenprall eines Asteroiden oder Kometen mit der Erde hervorgerufen wird. Die

Folgen für die Menschheit werden als verheerend beschrieben. Der Einschlag eines Himmelskörpers wird die Erdatmosphäre verdunkeln und zu gewaltigen Erdbeben und Flutkatastrophen führen. Kein Weltteil wird von diesem Gottesgericht, das die Menschheit stark dezimieren wird, verschont bleiben.

Schon beim biblischen Propheten Hesekiel (Kap.38/39) lesen wir, daß besagter Meteorensturz die Erde zu einer Zeit heimsuchen wird, in der sich die Völker der Erde in einem kommenden dritten Weltkrieg befinden werden. Im Verlauf dieser größten Schlacht aller Zeiten wird der Staat Israel durch eine gewaltige Invasionsstreitmacht aus dem Norden in höchste Bedrängnis geraten. Als Eingriff Gottes wird der kosmische Feind die fremden Heere vernichten und den Völkern der Erde machtvoll demonstrieren, wer der Herr und Retter Israels ist. „Und ich will, daß alle Heiden (nichtjüdischen Nationen; d.Vf.) mein Gericht sehen sollen, das ich gehalten habe. Und das Haus Israel soll erfahren, daß ich der Herr, ihr Gott bin“, so lautet der Ausspruch Gottes bei Hesekiel (39,21-22).

Soviel zum prophetischen Aspekt dieses kosmischen Großereignisses, das eine völlig veränderte Weltlage zur Folge haben wird.

Inzwischen hat auch die Wissenschaft die Gefahren, die der Erde aus dem Weltraum drohen, erkannt. So warnte die Weltraumbehörde NASA im Frühjahr 1992 vor einer globalen Katastrophe durch den Einschlag eines Asteroiden. Im Oktober 1992 entging die Erde nur knapp einer Weltraumkatastrophe, als der Asteroid Toutatis um Haaresbreite an der Erde vorbeiraste. „Insgesamt haben die Himmelsforscher 1000 Kometen, 6500 Asteroiden mit genauen Bahnen, 10000 Asteroiden mit wenig genauen Bahnen und 100000 ohne eine berechenbare Bahn aufgespürt. Etwa 150 davon, so die bisherige Auffassung, kommen der Erde gefährlich nahe und könnten eines Tages mit ihr zusammenprallen. Die Hälfte davon besitzt eine Größe, die unseren Planeten an den Rand des Untergangs bringen könnte: einen bis fünf Kilometer Durchmesser. Doch die Astronomen vermuten, daß viel mehr von diesen Brocken in unserer Nähe herumfliegen."[39] Nach Berechnungen der Wissenschaftler beträgt die Wahrscheinlichkeit eines Asteroidenaufpralls in den nächsten 50 Jahren 1:6000. Das bedeutet, daß die Wahrscheinlichkeit, durch einen Asteroideneinschlag zu sterben, größer ist als das Todesrisiko durch einen Flugzeugabsturz. Der amerikanische Forscher Dr. C. R. Chapman sagt: „Lange Zeit war der Aufprall eines Asteroiden nur ein theoretisches Problem. Nun aber haben wir harte Fakten. Die Erde wird bestimmt getroffen."[40]

Die Menschen sind also vorgewarnt, sowohl von prophetischer als auch von wissenschaftlicher Seite. Kein noch so ausgeklügeltes Raketenabwehrsystem, das geht aus den Kundgaben Lorbers hervor, wird solch eine kosmische Bombe aufhalten können, sondern einzig und allein nur eine weltweite Umkehr des Menschen zu Jesus Christus und seinem Wort!

Das angesagte kosmische Ereignis wird aber noch nicht das absolute Ende unseres materialistischen Zeitalters bedeuten, sondern noch so manchem Menschen die Möglichkeit zur Besinnung und Umkehr offen lassen. Die größte und schrecklichste Katastrophe des allgemeinen Weltgerichtes wird der Mensch selbst entfesseln. Es wird sich dabei um eine durch den unersättlichen Energiehunger dieses Zeitalters verursachte globale Atmosphärenentzündung mit wenig Überlebenden handeln. Die entsprechende Textstelle bei Lorber lautet: „Und zu Ende dieser Weltmenschenzeit – nicht auch dieser Erde – wird es eben also gehen: Die Menschen werden in selbiger Zeit durch allerlei Maschinen, durch Feuerkraft getrieben, anfangen, mittels unglaublich tiefer Schächte und Löcher ins Innere der Erde zu dringen, durch die die höchst brennbaren Gase in großen Massen auf die Oberfläche der Erde dringen werden. Und wird einmal die atmosphärische Luft mit solchen Gasen zu sehr gesättigt sein, so werden sich diese beinahe um die ganze Erde entzünden und alles zu Asche verbrennen. Nur wenige Menschen werden dabei am Leben bleiben. Doch die da bleiben werden, die werden aber dann auch Menschen von echtem Schrot und Korne sein. Diese werden dann wahrhaft eine ganz erneute Erde bewohnen, und ihr (die damaligen Jünger Jesu; d.Vf.) und viele, die nach euch in Meinem Namen kommen und erweckt werden, werden ihre Lehrer und Führer sein. Von da an erst wird Mein Reich auf dieser Erde vollends ausgebreitet sein“ (GEJ 6; 207,12-13). „Wohl dem, der diese Worte beherzigen und sein Leben danach einrichten wird, auf daß er nicht ergriffen werde von dem Gerichte!“ (GEJ 9; 30,7).

Die vorstehenden Weissagungen Jesu über den Untergang unseres säkularisierten Zeitalters in einem globalen Feuersturm findet zahlreiche Entsprechungen auch im biblischen Wort. Von Jesaja bis zum Hebräerbrief verweisen die biblischen Texte auf das große Gerichtsfeuer. Bei Maleachi z.B. heißt es: „Ihr werdet am Ende doch sehen, was für ein Unterschied ist zwischen dem Gerechten und dem Gottlosen, zwischen dem, der Gott dient, und dem, der ihm nicht dient. Denn siehe, es kommt ein Tag, der brennen soll wie ein Ofen. Da werden alle Verächter und Gottlosen Stroh sein, und der kommende Tag wird sie anzünden, spricht der Herr Zebaoth, und er wird ihnen weder Wurzel noch Zweig lassen“ (3,18-19). Und der Apostel Petrus schreibt: „Es wird aber der Tag des Herrn kommen wie ein Dieb; dann werden die Himmel zergehen mit großem Krachen; die Elemente aber werden vor Hitze schmelzen, und die Erde und die Werke, die darauf sind, werden verbrennen. Wenn das alles soll so zergehen, wie müßt ihr da geschickt sein in heiligem Wandel und gottesfürchtigem Tun“ (2.Petr.3,10-11).*

---

* Vergl. auch die folgenden Bibelstellen: Jes.66,15f; Hes.39,6; Sach. 13,8f; Matth.13,49f; 1.Kor.3,13; Hebr.10,27.

Wir leben heute im Zeitalter der letzten Posaune, wie Paulus es bildlich ausdrückt (1.Kor.15,52). Die letzte Posaune ist das Sinnbild des letzten großen Buß- und Weckrufes, den Jesus Jehova im Wort seiner neuen Himmelsbotschaften über den Erdkreis erschallen läßt. Wer dieses neue Wort gläubig annehmen wird, den wird das nahe Feuergericht verschonen. Dazu Jesus: „Denn wer da erweckt wird durch die Posaune, der wird nicht erweckt zum Tode, sondern zum Leben; wer aber den Schall der Posaune nicht wird hören wollen, der wird auch nicht erweckt werden, sondern verbleiben in der Nacht seines Grabes (seiner Blindheit; d.Vf.) und in der Gefangenschaft des Meeres (seiner Irrtümer; d.Vf.) bis zur Zeit, in der diese ganze Erde aufgelöst wird durchs Feuer. Denn wie zu der Zeit Noahs werden sie freien und sich freien lassen und werden sich gar nicht kümmern um die Stimme Meiner Erweckten; diese werde Ich aber dann gleich in einem Augenblick von dieser Erde entrücken und jene mit allen ihren Lieblingen dem alles zerstörenden Feuer preisgeben, zu dessen Entstehung die dermaligen unbußfertigen Weltmenschen selbst das allermeiste beitragen werden. Und sehet, das wird ein letztes Gericht auf dieser Erde sein ... Zudem aber müsset ihr freilich nicht denken, daß solch ein Feuer sogleich an allen Orten und Punkten der Erde zugleich hervorbrechen wird, sondern gleich nur so nach und nach, auf daß den Menschen noch immer zur Besserung Zeit und Raum gegeben wird“ (GEJ 10; 156,5-6).

Die Zeit drängt also, die Gnadenfrist, die Gott diesem sündigen Zeitalter gesetzt hat, geht ihrem Ende entgegen. Die sich auffällig häufenden Naturkatastrophen in unserer Zeit sind nur die Vorboten noch schlimmerer Ereignisse, die für die allernächste Zukunft angesagt sind. Lorber prophezeit u.a. verheerende Orkane durch die weltweite Vernichtung der Wälder, bedeutende geologische Veränderungen der Erdoberfläche, die Entstehung neuer Seuchen und die Erhebung der Armen. Alle diese Geschehnisse sind der letzte

Versuch Gottes, die Menschen wachzurütteln, um noch zu retten, was zu retten ist. Unsere Zukunft wäre eine Zukunft ohne Hoffnung, würde Gott dem selbstzerstörerischen Treiben der Menschen keine Grenzen setzen.

Aber der Herr hinterläßt uns auch die trostvolle Zusicherung, daß er die Seinen durch alle Schrecknisse und Nöte der verheerenden Gerichtszeiten hindurchtragen will: „Darum bleibet alle stets in der Sanftmut und Demut und dadurch in der wahren Nächstenliebe, so wird kein Gericht unter euch erzeugt werden; denn wo in jener Zeit die Menschen in Meiner Ordnung leben werden, dort wird auch kein letztes Gericht zum Vorschein kommen. Ich habe euch das nun deshalb zum voraus gesagt, auf daß ihr es auch den andern Menschen sagen und verkünden sollet, damit sich am Ende niemand entschuldigen kann, daß er nicht vor der Gefahr gewarnt worden sei“ (GEJ 8; 51,6).

„Mache, daß sie (die neue Himmelslehre) bald in die Hände vieler gelangt, und du wirst darin das wahre ‚Tausendjährige Gottesreich auf Erden‘ erschauen“, trägt der Herr seinem Schreibknecht Lorber auf (Hi 2; S.436). Dieser Aufruf zur Verbreitung der Neuoffenbarung gilt darüberhinaus aber auch all denen, die die große Bedeutung der neuen Himmelsgaben erkannt haben. Sie sollen anderen Menschen davon erzählen, damit das Neue Jerusalem auf Erden Fuß fassen und dadurch zum Fundament eines neuen geistigen Zeitalters werden kann! Auf diese Weise wird dann die Voraussetzung für eine persönliche Wiederkunft Jesu geschaffen.

Erst wenn wenigstens ein Drittel der Menschheit von der Wiederkunft des Herrn im Wort – also von den Neuoffenbarungen – Kenntnis haben wird, „so werde Ich“, sagt der Herr, „denn auch hie und da persönlich und leibhaftig * zu denen kommen, die Mich am meisten lieben und nach Mei-

* d.h. im verklärten Geistleibe, so wie er seinen Jüngern nach seiner Auferstehung erschienen ist.

ner Wiederkunft die größte Sehnsucht und dafür auch den vollen und lebendigen Glauben haben werden. Und Ich werde aus ihnen Selbst Gemeinden bilden, denen keine Macht der Welt mehr einen Trotz und Widerstand zu bieten vermögen wird; denn Ich werde ihr Heerführer und ihr ewig unüberwindlicher Held sein und richten alle toten und blinden Weltmenschen. Und so werde Ich die Erde reinigen von ihrem alten Unflate“ (GEJ 9; 94,6-7).

Jesus verheißt seinen damaligen Jüngern, daß Palästina nicht der Ort sein wird, wo er persönlich wieder zuerst auftreten wird. Er sagt: „Wohl aber in den Landen eines andern Weltteiles, die nun (in seinen Erdentagen; d.Vf.) von den Heiden bewohnt werden, werde Ich ein neues Reich gründen, ein Reich des Friedens, der Eintracht, der Liebe und des fortwährend lebendigen Glaubens, und die Furcht vor dem Tode des Leibes wird nicht mehr sein unter den Menschen, die in Meinem Lichte wandeln und im beständigen Verkehr und Umgang mit den Engeln des Himmels stehen werden ... Die Erde ist allenthalben Mein, und Ich weiß, woorts Meine Wiederkunft für die ganze Erde am allerwirksamsten sein wird! In jener Zeit aber, in der sich die Menschen von einem Ende der Erde zum anderen so schnell, wie da fährt ein Blitz aus der Wolke, werden verständigen können, ... da wird die Kunde von Meiner persönlichen Wiederkunft in einer ganz kurzen Zeit leicht über die ganze Erde verbreitet werden können“ (GEJ 9; 94,9.11).

Im Gegensatz zur westlichen Welt, so der Herr, wird die Nachricht von seiner Wiederkunft im asiatischen Weltteil erst dann Glauben finden, nachdem dieser durch ein großes Weltgericht geläutert worden ist. In Amerika und im Westen Europas hingegen werden die Menschen zunehmend erkennen, daß die in den letzten Jahrhunderten in beiden Weltteilen ergangenen Neuoffenbarungen aus einundderselben göttlichen Quelle stammen, und aus dieser Einsicht heraus werden sich die Freunde der neuen Himmelskundgaben einander annähern und sich gegenseitig bestärken. Die entsprechenden Worte aus dem Munde Jesu lauten: „Es gibt ein gar großes Land im fernen Westen, das von allen Seiten vom großen Weltozean umflossen ist und nirgends über dem Meere mit der alten Welt zusammenhängt (Amerika; d.Vf.). Von jenem Lande ausgehend, werden die Menschen zuerst große Dinge vernehmen*, und diese werden auch im Westen Europas auftauchen, und es wird daraus ein helles Strahlen und Widerstrahlen entstehen. Die Lichter der Himmel werden sich begegnen, erkennen und sich unterstützen. Aus diesen Lichtern wird sich die Sonne des Lebens, also das neue, vollkommene Jerusalem, gestalten, und in dieser Sonne werde Ich auf diese Erde wiederkommen“ (GEJ 9; 94,14-15).

Nur ein weltweites Erwachen der Menschen vermag dem ‚Zeitalter des Heiligen Geistes‘, das Joachim von Fiore voraussah, zum endgültigen Durchbruch zu verhelfen. In dieser künftigen Menschheitsära, die identisch ist mit dem ‚Lilienreich‘ Böhmes und der von Swedenborg prophezeiten ‚Neuen Kirche‘, wird die Trennwand zwischen Materie und Geist,

---

* Wahrscheinlich handelt es sich hierbei um einen Hinweis auf das im Jahre 1830 erschienene Buch Mormon. Dieses amerikanische Neuoffenbarungswerk ist ein auf wunderbare Weise wiedererstatteter alter Bericht über das Wirken Christi unter den alten Einwohnern Amerikas. Leider hat die allgemeine Verurteilung außerbiblischer Prophetie durch die Kirchen und der Umstand, daß die Lehre der Mormonen in wesentlichen Punkten vom biblisch-christlichen Glaubensgut abweicht, dazu geführt, daß diese kostbare Wiederoffenbarung bis heute nur wenig Beachtung unter den Christen gefunden hat. Wer sich jedoch die Mühe macht, diese alte Glaubenschronik vorurteilsfrei zu prüfen, der wird feststellen, daß die prophetischen Offenbarungen des Buches Mormon in jeder Hinsicht bibelkonform sind und mit den eigenwilligen Lehren der Mormonenkirche nicht verwechselt werden dürfen. Dies betrifft vorallem auch das Gottesbild. Im Gegensatz zu den Glaubensartikeln der Mormonen bezeugt das Buch Mormon unmißverständlich, daß Jesus der fleischgewordene einpersönliche Gott selbst ist (vergl. 1.Nephi 19,8-10; Mosiah 15,1ff; Alma 11,38f). Es wäre schade, wenn dieses prophetische Christuszeugnis weiterhin so sehr verkannt würde.

zwischen Diesseits und Jenseits, für immer fallen, und der im Geiste vollerwachte Mensch wird durch das lebendige innere Wort in einen festen Verband mit dem ihm innewohnenden Geiste Christi treten. Diese neue Herzensgemeinschaft des Menschen mit Gott wird dann die wahre Kirche und das eigentliche Reich Gottes auf Erden begründen. Die Bibel bezeichnet diese neue Menschheitsära als ‚Tausendjähriges Reich'. Tausendjährig deshalb, weil der ewige Widersacher nach dem Ablauf von ca. tausend Jahren noch einmal versuchen wird, die Herrschaft an sich zu reißen. Nach seiner Niederwerfung durch ein abermaliges großes Weltgericht wird das neue Menschenalter dann aber keine kriegerische Auseinandersetzung mehr erleben, sondern ewig fortdauern.

In einer großen Vision, die Jesus am morgendlichen Himmel vor den Augen seiner Jünger erstehen ließ, eröffnete er ihnen in lebendigen Bildern einen Ausblick auf diese zukünftige Menschheitsära und ihre Lebensverhältnisse. Diese Vision sei zum Abschluß dieses Kapitels nachfolgend wiedergegeben.

„Nun aber sehet noch einmal hin, und ihr ersehet, wie aus den lichten Wölklein sich eine neue Erde bildet! Was wohl stellen die lichten Wölklein dar? Es sind das Vereine von lauter solchen Menschen, die von der göttlichen Wahrheit durchleuchtet sind. Und sehet, nun rücken diese Vereine enger und enger zusammen und bilden so einen großen Verein, und sehet, das ist eben die neue Erde, über der sich ein neuer Himmel ausbreitet voll Licht und Klarheit!

Ihr müsset aber dabei nicht etwa der Meinung sein, als würde dann diese natürliche Erde vergehen und in eine neue umgewandelt werden, sondern nur die Menschen werden durch die Vollaufnahme der göttlichen Wahrheit in ihre Herzen als wahre Brüder und Schwestern in Meinem Namen unter sich eine neue geistige Erde schaffen. Auf dieser neuen Erde werde Ich Selbst dann sein und herrschen unter den

Meinen, und sie werden mit Mir Umgang pflegen und Mich nimmerdar aus ihren Augen verlieren ...

Aber zugleich merket ihr auch, wie noch ein gar großer, finsterer Teil sich auch bestrebt, das Gewand des Lichtes über sein schwarzes anzuziehen und daraus und damit aus Eigennutz und aus Herrschsucht abermals ein neues antichristliches Heidentum* zu schaffen; aber Ich Selbst lasse Meinen Zorn über sie hereinbrechen, das ist das Feuer Meiner Wahrheit, und Meine Engel der neuen Erde fallen wie mit flammenden Schwertern über sie her und schlagen jede weitere finstere Bestrebung in die Flucht und in den Abgrund der gänzlichen Vernichtung.

Dies ist dann das allerletzte und größte Gericht um tausend Jahre später. Diese Zeit wird genannt werden Mein tausendjähriges Reich auf Erden, das durch dies allerletzte Gericht auf eine ganz kurze Zeit noch einmal eine kriegerische Unterbrechung haben wird; aber der Sieg wird ein baldiger und für alle künftigen Zeiten ein gänzlicher sein. Von da an wird aus den Himmeln und aus der Erde *ein* Hirt und *eine* Herde werden. Der Hirt werde wie allzeit Ich sein, und die Herde werden die Menschen auf Erden ausmachen im vollen Vereine mit den Seligen in Meinen Himmeln.

Denn diese Letztgenannten werden wieder so, wie es in den Urzeiten der Menschen auf dieser Erde war, sichtbar mit den Menschen auf der Erde verkehren. Aber bevor das geschehen wird, wird auch die natürliche Erde ganz mächtige Umgestaltungen erleiden. Große Länder und Reiche, die jetzt noch das große und tiefe Meer bedeckt, werden zum fruchtbarsten Boden emporgehoben werden, und gar viele jetzt noch sehr hohe Berge werden erniedrigt und mit ihren zerbröckelten Spitzen gar viele tiefe Gräben und Täler ausgefüllt werden und ein fruchtbares Land bilden.

---

* gemeint ist ein hierarchisch gegliedertes Kirchentum mit zwangfordernden Dogmen und äußerem Kultus.

Da in jener Zeit die Menschen nicht mehr nach irdischen und vergänglichen Schätzen gieren und geizen werden, so werden auf der Erde auch hunderttausendmal so viele Menschen, als nun (zu Jesu Zeiten; d.Vf.) auf derselben leben, gar wohl versorgt und glücklich leben können. Zugleich aber werden in jener Zeit auch alle die bösen, das Fleisch mächtig quälenden Krankheiten von der Erde verschwinden. Die Menschen werden ein heiteres und hohes Alter erreichen und viel Gutes wirken können, und niemand wird eine Furcht vor dem Tode des Leibes haben, weil er mit klaren Blicken das ewige Leben der Seele vor sich sehen wird ...

Die Hauptsache im Wohltun wird in jener Zeit in der rechten Erziehung der Kinder bestehen und daß der Starke mit aller Liebe das physisch schwächere Alter nach allen Kräften unterstützen wird.

Da habt ihr nun ein treues Bild von dem letzten Gerichte über alle Heiden auf der ganzen Erde, das ihr auch ganz leicht und wohl verstehen könnet“ (GEJ 8; 48,2-4.5-10.12).

Eine Mahnung des Herrn

„So merket es denn: Die Pforten Meiner Himmel habe Ich jetzt weit öffnen lassen. Wer immer herein will, der komme und komme bald und komme alsogleich; denn es ist gekommen die große Zeit der Gnade, und das neue Jerusalem kommt zu euch allen hinab zur Erde, damit alle, die Mich lieben, darinnen Wohnung nehmen sollen und sollen darinnen gesättigt werden mit dem Honige und Milchbrote und trinken in vollen Zügen das reine Wasser alles Lebens und sollen es schöpfen im Übermaße aus dem ewigen Brunnen Jakobs!

Aber wie auch immer die Niederkunft dieser Meiner großen Stadt wird sein eine unermeßlich große Gnade allen Meinen Kindern, so wird sie aber doch auch erdrücken durch ihre starken Mauern alle Blinden und wird zerquetschen alle Tauben; denn ihre Größe wird einnehmen die ganze Fläche der Erde! Und wer sie nicht sehen wird herniederkommen und nicht vernehmen wird ihr Rauschen durch die reinen Lüfte der Erde, der wird nie mehr einen Platz finden auf Erden, da er sich verbergen soll vor ihr und entweichen ihrer Last."

(Die Haushaltung Gottes, Bd.1, Kap.12, Vers 4-5)

Quellenverzeichnis

1 Nigg, Walter: Prophetische Denker, Zürich und Stuttgart 1968, S.128
2 Harnack, Adolf von: Die Mission und Ausbreitung des Christentums in den ersten drei Jahrhunderten, Leipzig 1924, S.221-223
3 Bingen, Hildegard von: Scivias. Wisse die Wege. Eine Schau von Gott und Mensch in Schöpfung und Zeit. Übersetzt und herausgegeben von Walburga Storch OSB, Augsburg 1990, S.XVI
4 Bingen, Hildegard von: Scivias ... a.a.O. S.7
5 Bingen, Hildegard von: Scivias ... a.a.O. S.XII
6 Bingen, Hildegard von: Scivias ... a.a.O. S.263
7 Fiore, Joachim von: Das Reich des Heiligen Geistes, hrsg. von Alfons Rosenberg, Bietigheim/Württ. 1977, S.17
8 Fiore, Joachim von: Das Reich des Heiligen Geistes ... a.a.O. S.24
9 Nigg, Walter: Prophetische Denker ... a.a.O. S.69
10 Wehr, Gerhard: Jakob Böhme, Reinbek bei Hamburg 1971, S.34
11 Böhme, Jakob: Im Zeichen der Lilie. Aus den Werken des christlichen Mystikers. Ausgewählt von Gerhard Wehr, München 1991, S.20
12 Fiore, Joachim von: Das Reich des Heiligen Geistes ... a.a.O. S.59
13 Swedenborg, Emanuel: Von dem Neuen Jerusalem und seiner Himmlischen Lehre, Zürich und London 1938, S.11
14 Gollwitzer, Gerhard: Die durchsichtige Welt. Ein Swedenborg Brevier, Zürich 1966, S.15-17
15 Gollwitzer, Gerhard: Die durchsichtige Welt ... a.a.O. S.17
16 Gollwitzer, Gerhard: Die durchsichtige Welt ... a.a.O. S.17-18
17 Swedenborg, Emanuel: Von dem Neuen Jerusalem ... a.a.O. S.12
18 Swedenborg, Emanuel: Himmel und Hölle nach Gehörtem und Gesehenem, aus dem Lateinischen von Dr.Fr.Horn, Zürich 1977,S.18
19 Leitner, Karl Gottfried Ritter von: Jakob Lorber. Lebensbeschreibung, Bietigheim/Württ. 1969, S.19-20
20 Die Neuoffenbarung Jesu durch Jakob Lorber. Ein Mann hört eine Stimme. Christliche Prophetie für unsere Zeit (Lorber-Prospekt), Lorber-Verlag, Bietigheim / Württ.

21 Durant, Will und Ariel: Kulturgeschichte der Menschheit, Köln 1985, Bd.5, S.136
22 Eggenstein, Kurt: Der unbekannte Prophet Jakob Lorber. Eine Prophezeiung und Mahnung für die nächste Zukunft, Bietigheim / Württ. 1990, S.12
23 Brunner, Arthur: Eine Fülle von Unsterblichkeitsbeweisen, Zürich 1973, S.64-65
24 Lovelock, James: Gaia. Die Erde ist ein Lebewesen, Bern, München, Wien 1991
25 zitiert in: Das Wort. Zeitschrift für ein vertieftes Christentum, Nr.3/1987, Lorber-Verlag, Bietigheim/Württ., S.164
26 zitiert in: Das Wort ... a.a.O. S.164,165
27 Sponder, H.E.: Was steht wo in der Neuoffenbarung? Naturkundliches Lorber-Lexikon, Bietigheim/Württ. 1976, S.35
28 Nicolson, Iain: Die Sonne. Ein Atlas der Sonne, Freiburg 1982, S.42
29 Harnack, Adolf von: Die Mission und Ausbreitung des Christentums ... a.a.O. S.117
30 Feuerstein, Otto: Das Geheimnis der Person Jesu, in: Das Wort. Zeitschrift für ein vertieftes Christentum, Nr.2/1984, Lorber-Verlag, Bietigheim/Württ., S.74
31 Feuerstein, Otto: Das Geheimnis der Person Jesu ... a.a.O. S.77
32 Feuerstein, Otto: Das Geheimnis der Person Jesu ... a.a.O. S.77
33 Meldau, J.: Der Messias in beiden Testamenten, Neuhausen-Stuttgart 1991, S.63
34 Sagan, Carl: Unser Kosmos. Eine Reise durch das Weltall, München, Zürich 1982, S.277
35 Schlätz, W.: Das kosmische Weltbild Jakob Lorbers und die moderne Wissenschaft, in: Begegnung mit dem prophetischen Werk Jakob Lorbers. Gedenkschrift des Lorber-Verlages zum 150. Jahr der Berufung Jakob Lorbers zum ‚Schreibknecht Gottes', Bietigheim / Württ. 1990, S.51
36 Kuhlmann, Irmgard: So ihr nicht werdet wie die Kinder, Bietigheim/ Württ. 1977, S.27
37 Beguin, Albert: Pascal, Hamburg 1959, S.123,138,139

38 Fromm, Erich: Haben oder Sein. Die seelischen Grundlagen einer neuen Gesellschaft, München 1981, S.19
39 P.M. – Perspektive: Das geheimnisvolle Universum, München 1995, S.70
40 Welt am Sonntag vom 23.6.1991

Anhang

Bezugsquellen

- Ausgewählte Schriften Jakob Böhmes sind im Insel Verlag Frankfurt am Main und Leipzig erschienen.

- Alle Werke Emanuel Swedenborgs sind im Swedenborg-Verlag, CH-8032 Zürich (Schweiz), Postfach erschienen.

- Sämtliche Werke Jakob Lorbers, Gottfried Mayerhofers und Max Seltmanns sind im Lorber-Verlag, 74308 Bietigheim / Württ., Postfach 1851 verlegt.

WAS DIE CHRISTEN WIRKLICH EINT
Das Apostolische Glaubensbekenntnis und die Geistkirche der Zukunft

Franz Deml, 432 Seiten

Wie kann die Christenheit wieder zu einer Einheit zusammenfinden? Als festestes gemeinsames Band erweist sich immer noch das Apostolische Glaubensbekenntnis. Seine einzelnen Glaubensartikel können aber erst heute mit Hilfe der Prophetie in ihrer ganzen Tiefe erschlossen werden.

CHRISTLICHE EINWEIHUNG

Franz Deml, 210 Seiten

Das Buch folgt einem dringenden Bedürfnis, der zahlreichen Literatur über antike und neuzeitliche Mysterienreligionen die „christliche Einweihung" an die Seite zu setzen. Daß diese eine Zusammenfassung und Überhöhung allen bisherigen Initiationswesens bedeutet, und zwar auf Christus hin, wird endgültig sichtbar.

MIT DEN AUGEN DES HERZENS

Karl Ledergerber, 151 Seiten

„Man sieht nur mit dem Herzen gut" lautet ein bekanntes Wort aus Saint-Exupérys „Der kleine Prinz". Aus dieser Sicht ist das vorliegende Buch geschrieben. Es geht um die Wiederentdeckung des Herzens als Zentrum allen Lebens.

JAKOB LORBER – LEBENSBESCHREIBUNG

von Karl Gottfried Ritter von Leitner, 62 Seiten

Der zu seiner Zeit recht bekannte Grazer Dichter Karl Gottfried Ritter von Leitner (1800 – 1890) zählte zum engsten Freundeskreis Jakob Lorbers, mit dem er nahezu ein Vierteljahrhundert lang freundschaftlich verbunden war. Er wurde dann auch Lorbers Biograph und schildert dessen Berufung zum „Schreibknecht Gottes“.

DIE GRUNDFRAGEN DES LEBENS

Dr. Walter Lutz, 656 Seiten

In diesem Werk werden die wichtigsten Fragen des Lebens aus der Fülle der Neuoffenbarung durch Jakob Lorber beleuchtet. Der riesige Stoff ist in systematischen Zusammenhang gebracht und jedes Fragengebiet enthält die aufschlußreichsten Texte aus der Neuoffenbarung.

DER PLAN GOTTES

Edith Mikeleitis, 150 Seiten

Dieses Brevier will aus dem Meer der Offenbarungen einen Tropfen Wasser bringen, der die Substanz aus allen Elementen des Meeres enthält. Es soll dazu anregen, sich nicht mit Bruchstücken zu begnügen, sondern eine Gesamtkenntnis zu suchen und die Offenbarungen im Grundtext zu lesen.

Hauptwerke von Jakob Lorber:

DAS GROSSE EVANGELIUM JOHANNES

10 Bände, je ca. 500 Seiten

In diesem Werk besitzen wir nach der Verheißung Joh. 14,26 eine eingehende, fast Tag für Tag behandelnde Schilderung der dreijährigen Lehrtätigkeit des Herrn.

DIE HAUSHALTUNG GOTTES

3 Bände, je ca. 500 Seiten

Das Wesen Gottes. Die Urschöpfung der Geisterwelt. Die Entstehung der materiellen Weltenschöpfung. Die Erschaffung des Menschengeschlechtes und die Urgeschichte der Menschheit bis zur vorderasiatischen Erdkatastrophe, der Sündflut, und viele andere Themen behandeln diese Bände. Sie bieten in diesem Rahmen die Grundanschauung der geistigen Erklärung der Welt, die jedem zeigen, was er als Mensch ist, wo er herkommt und wo ihn sein wahres Lebensziel hinweist.

DIE JUGEND JESU

430 Seiten

Bei diesemWerk handelt es sich um das sogenannte Jakobus-Evangelium, „von der Zeit an, da Joseph Maria zu sich nahm“. Bruchstücke von ihm, die mit den entsprechenden Stellen der von Lorber niedergeschriebenen „Jugend Jesu“ übereinstimmen, finden sich in der sogenannten Berlenburger Bibel.

Hauptwerke von Jakob Lorber:

VON DER HÖLLE BIS ZUM HIMMEL

2 Bände, je ca. 500 Seiten

Jakob Lorber schrieb dieses Werk in den Jahren 1848/51 nieder. Es schildert die jenseitigen Schicksale und Wege des bekannten, im Jahre 1848 in Wien erschossenen Revolutionärs Robert Blum und enthält weitgehende Aufschlüsse über Gott, Leben und Schöpfungsziele und tiefe Lehren über die eigene Seelenreifung.

BISCHOF MARTIN

496 Seiten

Eine äußerst lehrreiche Schilderung der geistigen Weiterentwicklung eines in menschlicher Unvollkommenheit aus dem irdischen Leben Geschiedenen.

DIE GEISTIGE SONNE

2 Bände, je ca. 540 Seiten

Dieses Lehrwerk von den Zuständen des Jenseits führt uns in Sphären von zehn verschiedenen Geistwesen, die einst irdisch verkörpert waren. Man beginnt dabei etwas zu ahnen von der grenzenlosen Liebe, Weisheit und Allmacht des Schöpfers, der auf zahllosen Wegen alles erdhaft Gebundene in die wahre Freiheit des Geistes zurückführt.
